Préface.

Je ne suis pas écrivain ! Je n'ai même jamais lu de livre de ma vie.

Je n'ai aucune notion de la construction d'un livre donc je vais le faire de façon chronologique, simple et avec le vocabulaire d'un simple entrepreneur avec un niveau CAP.

Si j'ai eu envie de faire ce livre, c'est que je me suis retrouvé seul, face à la liquidation de mon entreprise et que je veux raconter mon histoire à tous ceux qui vont connaître cette épreuve pour pouvoir leur apporter un peu de positif.

Quasiment aucun témoignage sur internet, comme si en France, ce sujet était tellement tabou que personne n'osait en parler .
Comme si toutes les personnes qui avaient vécu cela avaient eu un trou de mémoire pendant toute cette période.

Je peux vous dire que je comprends maintenant pourquoi personne n'en parle.
Peut-on facilement parler de la perte d'un enfant ?

Non …!
Bien sûr, cette analogie est un peu extrême; je n'ai jamais perdu un enfant mais c'est la sensation que j'ai eu avec la perte de mon entreprise.

L'insoumis.

Enfant,j'ai toujours été le premier.Pas en classe,mais pour faire les choses,surtout ce qui était interdit!

En y réfléchissant maintenant,je pense que l'on ne devient pas entrepreneur mais que l'on naît entrepreneur.
C'est biologique,comme être gaucher ou daltonien.
Cette soif de liberté,d'insoumission et d'adrénaline caractérise beaucoup d'entrepreneurs.

En repensant à mes copains d'enfance,je me dit:
" Oui,elle ou lui,c'était prévisible qu'il devienne patron".
D'autres copains que je pensais qu'ils en étaient capables,ne le sont pas devenus mais je pense qu'ils n'ont pas réussi à dépasser la barrière de la peur,malheureusement pour eux!

J'ai toujours eu envie de faire les choses,de prendre les commandes pour être "le Chef".
Cela peut paraître très narcissique pour la plupart des gens mais ce n'est pas comme cela que je vois les choses.Pour moi être un leader,qui ne faut pas confondre avec être le meilleur,est quelque chose de naturel.

Même dans les pires conneries à faire lorsqu'on est enfant, mes copains me suivaient, car ils avaient confiance en moi.

On le voit bien en ce moment dans les grosses entreprises où la plupart des chefs, le sont par leurs études dans le "leadership" et non par la légitimité d'être chef !
Ces pseudos chefs ne sont pas respectés en général car ils n'inspirent pas confiance.

En cas de débordement ou de gros problèmes, ces personnes-là seront les premières à quitter le navire; alors qu'un vrai chef comme un capitaine de navire sera capable et fier d'être le dernier à sombrer.

Je me suis vite aperçu que je n'étais pas comme tout le monde, cette envie de liberté m'a posé beaucoup de problèmes, surtout à l'école.

A l'école, le respect du programme m'a toujours paru absurde.
Apprendre à des enfants tous différents les uns des autres les mêmes choses est aussi logique pour moi que de manger la même chose à chaque repas de notre vie.

L'école est organisée de manière à faire de nous de bons petits soldats dociles et consommateurs pour finir à la chaîne dans les industries.

Quand j'ai appris l'étymologie du mot travail qui vient du latin « tripalium » qui était un instrument de torture,je comprend pourquoi tant de personnes n'aiment pas leur travail.
Je ne conçois même pas le fait de faire un travail sans prendre de plaisir !
C'est pour cela que les entrepreneurs et les artisans travaillent tant.
Lorsque l'on fait les choses avec passion,le temps passe très vite,même trop vite.

Pourquoi les écoles ne laissent pas choisir les élèves ,les matières qu'ils préfèrent ?
Bien sûr, il faut les bases,l'écriture et le calcul mais pourquoi nous faire apprendre le théorème de Pythagore pendant presque 2 ans alors que je n'ai jamais eu besoin de m'en servir depuis ma sortie de l'école!

Je pense que la France à beaucoup à apprendre de certains pays au niveau de l'éducation des jeunes.
Toute ma scolarité après la primaire, m'a semblé une perte de temps.

J'ai vraiment aimé ce que je faisais, que lorsque je suis rentré au Centre de Formation d'Apprenti. J'étais dans mon élément car j'apprenais un travail qui mélange la productivité et surtout l'art d'un métier.

La boulangerie,je suis né dedans.Mes parents se sont installés en boulangerie quand j'ai eu 4 ans.

Je me rappelle le samedi soir, je demandai à ma mère de me lever le dimanche à 7h00 pour l'aider à la mise en boutique alors que tous mes potes préféraient plutôt rester au lit.

Ma mère le faisait rarement car elle voulait me laisser dormir mais dès qu'à 8h00, la sonnette de la boutique retentissait,je me levais en furie car elle ne m'avait pas réveillé!

J'ai servi très tôt en boutique les dimanches matin.
À 10 ans, je tenais la boutique tout seul car ma mère avait des problèmes de santé.
J'aimais ça tout simplement comme un enfant d'agriculteur qui ne se pose même pas la question de passer sa vie dans les champs.

A 17 ans,après 2 ans passer en BEP de maintenance pneumatique dans un lycée

professionnel,chose que je n'aimait pas ,mais que le collège m'avait aiguiller et qui suivant les dires du conseiller d'orientation allait me convenir,je me suis retrouver sans diplôme dans un village de 300 habitants.
Autant vous dire que ça commençait mal!

Après 2 mois à passer à traîner avec les copains,mon père prit la décision d'aller au point apprentissage avec la liste des artisans qui cherchaient un apprenti.
Dans la liste il y avait de tout,de l'électricien au boucher.
Pour prendre ma décision,j'ai pris un stylo que j'ai pointé au hasard sur la feuille et je suis tombé sur boulanger!
Comme quoi nos décisions ne sont pas si réfléchies que ça car j'ai fait 20 ans dans la boulangerie avec l'amour de ce métier.

Mon premier patron était une mauvaise expérience.Un vieux boulanger presque en retraite dit "à l'ancienne",bloquer sur ses acquis qui ne remettait jamais rien en question.
On était en 1993 et je faisais encore la plonge dehors au milieu de la cour et même sous la pluie!
Comme vous pouvez vous en douter,au bout de 3 semaines,je suis parti de cette boulangerie.

Le deuxième patron à été pour moi une révélation.J'ai eu 2 modèles quand j'étais jeune,mon père pour sa capacité de travail et mon 2eme patron d'apprentissage pour son esprit entrepreneurial.

J'avais l'impression qu'il pensait comme moi,toujours envie de faire de nouvelles choses et toujours un projet en cours.

L'ambiance dans l'entreprise était idéale,une entreprise familiale qui travaillait beaucoup mais où l'humour était primordial.C'est même lui un jour qui m'a fait comprendre que j'étais un entrepreneur dans l'âme.

Un jour que l'on avait été se dépanner en matière première ,je décide d'inviter mon patron à aller boire l'apéro chez ma mère et son mari.

Dans la conversation,ma mère demanda à mon patron si mon apprentissage se passait bien.
Sa réponse résonne encore en moi aujourd'hui:

   _" Y a pas de problème ! Sébastien c'est un patron né"!

Après de longues années à l'école ou quasiment tous les professeurs m'avaient fait comprendre que

j'étais nul et que j'allais rien faire de ma vie,enfin une grande personne me faisait confiance.
Un professeur m'avait même dit:

_"Mon pauvre Sébastien,t'es tellement con que tu ne pourras même pas garder des chèvres car il y a un gars qui a inventé le fil barbelé !

Mon apprentissage s'est bien passé,même si je me suis fait virer du CFA,j'ai eu mon diplôme de boulanger.J'étais loin d'être le meilleur mais j'avais déjà envie de m'installer.

Pendant un cours de français,on devait faire une rédaction sur le thème :Vous avez gagnez au loto !

J'ai expliqué qu'avec cet argent j'allais ouvrir une grande boulangerie et que je ferais les tournés de pain en semi-remorque avec en guise de vendeuse des danseuses du Crazy horses!
Mon professeur m'a dit que j'avais beaucoup d'imagination et que j'aurais dû être écrivain!

En apprentissage de boulangerie,il y avait un concours artistique tous les ans.
Dans ma classe,nous étions 3 à vouloir faire ce concours.Les autres ont fait cette pièce au CFA avec l'aide du professeur.

C'était plus le professeur qui faisait les pièces que les élèves!
Moi je l'ai faite tout seul,dans le fournil de mon père.Mais quel résultat!
J'avais honte de devoir apporter cette horreur pour le concours.
La pièce gagnante était un fournil,la 2ème était un moulins à farine et moi j'avais fait un bistrot!
Quand mon prof a vu la pièce,il m'a dit en se mettant la main sur la bouche:
_" Putain,sébastien!!
J'étais dans le public qui regardait les pièces artistiques et j'entendais les gens qui disaient:
" Regarde ça,comme ça ressemble à rien!

Je savais bien sûr que c'était laid,mais je l'avais fait moi-même et j'étais fier.

Trop de personnes ne font rien de leur vie,c'est plus facile de juger que de faire les choses.Moi,si on me juge,cela ne me dérange pas.

J'avance,j'apprends et je recommence…

Dès que j'ai fini mon apprentissage,j'ai trouvé du boulot facilement.Je travaillais en boulangerie de 22h00 à 7h00 du matin 4 jours par semaine et de

12h00 à 21h00 le reste de la semaine quand j'étais en pâtisserie.
 Mon patron était satisfait de moi.
J'optimisais tellement mon travail que j'arrivais à finir 2 heures plus tôt quand je travaillais l'après midi, mais quand les pâtissiers du matin se sont aperçu de ça,ils ont presque doublé la liste de ce que j'avais à faire!
Un jour mon patron qui venait m'apporter ma paie,s'est aperçu de la taille de la liste.Il raya au stylo la moitié de la liste et signa juste à côté en disant : ils vont m'entendre demain matin!
Moi ,cela ne me dérangeait pas de faire plus;c'était pour moi un défi de plus.

Je n'ai jamais peiné à trouver du travail,les patrons étaient satisfait de mon boulot mais je m'ennuyais très vite dans les entreprises,c'est pour cela que je changeais beaucoup de place.

À cette époque, ce qui ne faisait le plus peur,c'était "la vie normale".
La semaine au boulot,le samedi après-midi à pousser un caddie dans une grande surface et le dimanche midi chez les beaux-parents ne me faisait vraiment pas envie.

Décembre 1996,fut pour moi un vrai traumatisme.

Le suicide de ma mère à manqué de me faire basculer.
Je me suis mis à fond dans le travail pour oublier, car plus on est fatigué,plus on dort et moins on souffre le temps qu'on est éveillé!
 Un an après naissait ma première fille,je ne pouvais maintenant plus quitter ce monde car elle avait besoin de moi.
J'ai toujours été un peu strict avec mes enfants mais lorsqu'on est conscient que la mort peut arriver à chaque instant,on devient un peu paranoïaque car on a toujours peur qu'il arrive quelque chose à ses proches.J'étais aussi devenu très protecteur avec mon frère et ma soeur,car j'avais l'impression d'être devenu leur mère.

Cela faisait 6 ans que j'étais en couple avec la mère de ma fille et tout se passait bien entre nous.
Les vendeurs de farine me disaient toujours,dès que tu veux t'installer,tu m'appelle.
Moi je me sentais prêt mais j'avais peur pour ma compagne,elle ne travaillait pas dans le commerce et je ne savais pas si elle était prête pour ça.
Nous étions jeunes,elle avait 20 ans et moi 21.
C'est mon beau-frère qui lui était restaurateur qui m'a fait prendre la décision de m'installer si jeune.Il m' a juste dit:

-Qu'est ce que tu as à perdre? Si tu en as envie, fais-le!

Le lendemain, je contactais un des vendeurs de farine qui m'avait proposé de m'installer. Une semaine après, nous avions déjà rendez-vous pour visiter des boulangeries.

1er Fond de Commerce.

La première boulangerie que nous avons visitée était dans une ville moyenne où il y avait un peu de concurrence mais avec la possibilité de se développer.
Par contre,c'était l'appartement qui n'allait pas.Moi je m'en foutais un peu car j'allais passer tout mon temps dans le fournil ,mais pas ma compagne!
En montant à l'étage où il y avait l'appartement,on arrivait directement dans une pièce où il y avait une douche,sans porte!
La visite commençait déjà mal !Il y avait une seule chambre avec du papier peint tout moisi et une pauvre ampoule qui éclairait à peine la pièce.

En visitant la cour,ma compagne dit en rigolant :
- "Ça se trouve les wc sont dehors "!
Et là,le propriétaire ouvre une petite porte sous un escalier et surprise!Les wc étaient bien dehors !

En continuant la visite,je demanda au propriétaire de m'ouvrir la porte de la cave.Il hésita un peu en me disant qu'il y avait une petite fuite d'eau.Quand il ouvrit la porte,la"petite fuite" s'était transformée en lac artificiel !Toute la cave était inondée jusqu'en haut de l'escalier.

La deuxième boulangerie était dans une grande ville mais sur une route où il n'y avait pas de concurrence,le problème ,c'était qu'il n'y avait pas de bail commercial de signer,et le propriétaire des murs pouvait mettre le loyer au prix qu'il voulait.
Nous avons donc laissé tomber cette boulangerie.

La troisième était la bonne,à part quelques petits travaux de remise aux normes (carrelage et faïences) et un peu de matériel à racheter ,cette boutique nous paraissait la mieux.
Elle appartenait à un vieux couple de boulanger qui partait en retraite et qui avait fait toute leur carrière dans cette boutique;il avait même été apprenti dans cette boulangerie et l'avait racheté à son patron.

Après négociation du prix car j'avais besoin de racheter un peu de matériel,nous signons le compromis de vente dans l'attente du résultat des banques.

J'avais seulement 2000 Francs (300 Euros) d'apport personnel et je devais emprunter en tout pour le fond et le nouveau matériel 500 000 Francs (75 000 €uros).
A l'époque les meuniers nous faisaient un "crédit apport personnel " pour aider le passage aux

banques,cela se fait de moins en moins avec la situation économique actuelle.

Même pas deux semaines après,les banques donnaient le feu vert et nous déménagions dans cette boulangerie.

Tout se passait bien,ce n'était pas évident avec ma fille qui avait moins d'un an car je devais arrêter de cuire le pain le matin pour donner le biberon de 8h00 et reprendre après, mais on se débrouillait.

Ma compagne,elle,s'était un peu plus dure car elle ouvrait la boutique à 6h00 et la fermait le soir à 20h00 sans coupure.
On gagnait bien notre vie sans rouler sur l'or.
On payait toutes les factures sans problème et on avait même de la trésorerie.J'ai passé mon permis moto et ma banquière m'a presque forcé à acheter une moto neuve;je ne voulais pas car une d'occasion me suffisait et je m'en servais que très peu.
L'ancien boulanger,lui, travaillait 12h00 par jour dans le fournil.
Moi je me demandais bien ce qu'il faisait tout ce temps car je faisais le même boulot en 6h00 ! Nous avons même fait plus de chiffre d'affaires que les anciens propriétaires.

J'ai toujours eu un peu mal au dos depuis que j'avais commencé la boulangerie mais étant un métier assez physique,je mettais cela sur la dureté du travail.
Un après midi que je faisais la sieste, je me réveilla avec une drôle de sensation au niveau du dos.J'avais beau essayer de me lever du lit mais je ne pouvais pas,mon dos était bloqué !
Ma compagne appela donc le médecin qui me débloqua à l'aide d'une piqûre et mis cela sur le travail mais au cas où,il m'envoya à l'hôpital faire des examens plus poussés.

En attendant les résultats,les médicaments qu'on m'avait prescrit étaient extraordinaires pour moi,je dormais 4 heures par jour,je n'avais plus mal au dos et j'avais une super forme.

Deux semaines après les examens,on me donna un rendez-vous chez un rhumatologue et là,le verdict tomba: soit j'avais un cancer des os ou soit une maladie auto-immune du style arthrose!
Il fallait faire d'autres examens.

En rentrant chez moi,je n'ai pas dit à ma compagne que cela pouvait être un cancer,je lui ai seulement dit que c'était pas grave en minimisant les choses.

Plus les jours passaient ,et plus je peinais à marcher, ma hanche droite me faisait tellement souffrir que lorsque je mettait au four,j'en pleurais de douleur.

Je pouvais à peine poser mon pied par terre et dès que je le posais,j'avais l'impression que mes os frottaient les uns aux autres.

Je ne pouvais plus dormir dans le lit car je n'arrivais plus à me lever .J'ai donc commencé à dormir assis devant la table avec un coussin devant ma tête.

Mon rhumatologue mis un nom à ma maladie,c'était une polyarthrite ankylosante.Autrefois appelée l'homme de marbre,cette maladie venait d'un gène qui envoyait de mauvaises informations à mes anticorps et qui leur demandait d'attaquer mon liquide synovial.
Le liquide synovial est le "graisseur" qu'il y a entre deux os pour les lubrifiés.
La sensation que mes os frottaient était bel et bien réelle,mes hanches étaient touchées,mes chevilles et mon dos.

Mon rhumatologue me trouva le traitement qui m'allait,anti-inflammatoire tous les jours jusqu'à la fin de ma vie mais en me précisant qu'en commençant

à avaler des anti-douleurs à cet âge là,j'allais avoir de gros problèmes au niveau digestif.
Les anti-inflammatoires empêchent la douleur mais ne guérissent pas la maladie.
Une fois qu'un os est touché,il est usé et il reste usé.Je prenais donc mes cachets régulièrement et la douleur restait supportable,à part de temps en temps où je faisais une "poussé inflammatoire".
Là,mon rhumatologue m'a donné des cachets à base de morphine pour calmer l'inflammation.

Aujourd'hui,j'ai 45 ans,et j'ai toujours "des douleurs de vieux" comme je dit,mais je ne prend plus de médicaments depuis plus de 15 ans car un jour que je regardais la télévision,j'ai vu mon médicament interdit par le corp médical car il servait d'anti-douleur pour chevaux et était bien trop puissant pour les humains.

Je ne peux pas dormir plus de 3 heures dans un lit sinon je vais le sentir passer pendant les deux jours suivants,mais je m'y suis fait.

Je dors en pointillé,la plupart du temps ,assis sur le canapé,pas plus de 2/3 heures consécutives et je me lève pour désankyloser mes articulations.
Cette maladie joue beaucoup sur le moral,car lorsque l'on se réveille avec tous les jours une

douleur,on est de mauvais poil,le temps que le corps "chauffe" la douleur s'atténue mais comme on produit beaucoup d'endorphine,on est souvent très fatigué et si on dort beaucoup,on a plus de douleur! C'est le serpent qui se mord la queue!J

e ne suis pas du style à me plaindre,je parle même très rarement de mes douleurs journalières car j'adopte la méthode Coué (je vais bien,tout va bien).Je me suis même servi de cette maladie pour être plus productif que les autres.Comme je dors moins,je travaille plus.

Donc,à part ce problème,tout se passait bien mais je commençais un peu à m'ennuyer dans cette boulangerie.La gestion était simple mais je ne pouvais pas développer cette petite boulangerie comme je le voulais.

Je réfléchis beaucoup la nuit ,et pendant que je travaillais,je pensais à une création de boulangerie dans une grande ville .Les plans fait,je commençais à calculer le prix d'une tel création.Et là ,je m'aperçu que même en attendant la fin de mon crédit professionnel qui durait 7 ans ,je n'aurais pas assez d'argent pour un tel projet.

Mon projet était une boulangerie dans une zone commerciale avec un drive.En 1999,il n'y en avait pas où presque.A l'heure actuelle,on peut dire que ce sont les seules boulangeries qui sont encore rentables.Toutes les "petites" boulangeries ont disparu ou presque!

Donc voyant que je perdais mon temps dans cette petite boulangerie,je la mis en vente et à peine 2 mois après ,elle était vendue.

En rachetant une boulangerie plus grosse,j'avais la possibilité de la vendre plus chère à la fin de mon crédit et d'avoir plus d'apport pour faire mon projet ;du moins c'était mon but.
J'avais bien fait de vendre ma 1ere boulangerie,car mon successeur a fini sa carrière dans cette boulangerie et il n'a pas pu la vendre lorsqu 'il a pris sa retraite.Cette boulangerie est maintenant fermée et transformée en appartements.

2ème Fond de Commerce.

De mon côté, nous avons visité plusieurs boulangeries, et une se différenciait des autres car elle se situait dans une petite zone commerciale avec un petit supermarché à côté.
Il y avait des places de parking, et je voyais le potentiel de cette affaire, surtout que mon meunier de l'époque me disait que l'actuel propriétaire ne s'en occupait pas trop car il avait 3 boulangeries en tout.

Nous signons donc très vite un compromis de vente; trop vite même!

On croit souvent avoir le flair pour dénicher une "bonne affaire", mais cela est faux, nous ne maîtrisons pas tous les paramètres, comme dans la vie.

Nous louons donc un petit appartement qui était pas trop loin de la boulangerie car il n'y avait pas de logement avec le commerce.
Le résultat des banques fut assez rapide, ils m'avaient donné un accord oral de principe mais je sentais bien qu'il y avait un problème.
Avec le fond, je prenais la masse salariale et l'ancien propriétaire m'avait dit de ne pas trop l'ébruiter car

les salariés de la boulangerie allaient mal le prendre car ils n'avaient pas été prévenu.
J'allais au pain tous les matins comme un client normal pour voir un peu comment cela se passait.

Nous attendions le feu vert avec impatience mais il y avait toujours un problème,un document qui manquait,une signature à refaire,plein de petites choses qui me ferait faire marche arrière maintenant mais j'étais lorsqu'on est plus jeune,on a tendance à foncer sans trop réfléchir.

Au bout de presque deux mois d'attente où l'on vivait que sur nos économies,la colère me prend et je téléphone au propriétaire pour lui mettre un ultimatum.
Si dans une semaine ,rien ne bouge,j'annule la vente.En plus j'étais dans mon droit car le délai du préavis était dépassé.

Le propriétaire me donna rendez-vous chez lui et il m'expliqua que sa banque bloquait la vente;il était tellement endetté avec ses trois boulangeries que la banque voulait récupérer tout l'argent du fond que je voulais acheter.
J'étais bien désolé de sa situation mais je n'avais pas d'autres solutions que de chercher un autre fond.

Deux jours passèrent et un soir à 18h00,le téléphone sonna.
C'était bon,le problème était réglé et on avait rendez-vous le lendemain au notaire pour signer la vente.

Enfin tout se débloque,j'étais tellement impatient que je n'ai pas dormi de la nuit.

Le lendemain chez le notaire,l'ambiance était un peu tendue,le propriétaire me demanda en plus du chèque de vente,la caution des trois mois de loyers qui n'était pas prévue dans mon financement.

Au début,je refusais de lui donner mais le notaire m'informa que si j'annulais la vente,le propriétaire pouvait me demander 10% du prix de vente pour "annulation sans justification"!
Le commercial de la minoterie ne dit qu'il allait m'aider financièrement car je n'avais déjà plus de trésorerie pour ouvrir avec le prix de la caution!

Je signais donc la vente mais je peux vous dire que nous n'avons pas fêté cela autour d'un verre dès la sortie du notaire.
L'ancien propriétaire me donna les clefs de la boulangerie,je les ai pris sans rien dire mais il comprit vite qu'il ne fallait pas trop s'attarder devant moi.

Se faire "avoir" de 20 000 Francs (3000 €uros) était dur à avaler pour moi,mais ce n'était rien à côté de ce qui allait arriver!

Le soir même à minuit,j'étais dans la boutique.
J'essayais de ne plus penser à cette foutue caution et je me mis à fond dans le boulot.
À 4h00 du matin,l'ouvrier boulanger prenait son travail.Quelle surprise pour lui,de voir que son patron n'était plus le même,mais les premiers temps se sont bien passés avec lui.

Son problème,c'était l'alcool;j'avais bien vu qu'il était bizarre de temps en temps au boulot mais il faisait bien son travail jusqu'au jour où il m'appela à 4h00 du matin en me disant qu'il était en panne de voiture.

Je lui ai dit que j'allais le chercher chez lui mais même pas deux minutes après avoir raccroché,il me téléphonait pour me dire qu'il ne voulait plus venir travailler.
J'entendais bien à sa voix qu'il était saoul!
La colère me prit et je lui dis de ne plus remettre les pieds dans ma boulangerie.

Le lendemain,j'appelle mon comptable pour qu'il me fasse les documents du licenciement et là,encore un problème se presentait.Je n'avais pas respecté le protocole de licenciement et si l'ouvrier boulanger m'emmenait au prud'homme,j'avais tout faux.Il aurait pu me demander des dommages et interêts.Il ne le fera pas, par chance,et je n'ai jamais ré-entendu parler de lui.

Il y avait aussi une vendeuse pour la tournée de pain.Le matin,elle arrivait à 6h00 pour préparer la tournée.Elle avait un grand cahier où était marqué tous les clients avec la quantité de pain qu'ils prenaient.Elle faisait client par client en apportant dans le camion ce qu'ils avaient commandés.Deux heures de préparation pour une tournées de 4h00.J'étais fou,je bouillais à côté.

Il était prévu que je licencie cette vendeuse pour que ma compagne la remplace en tournée.Nous n'avions pas besoin de cette vendeuse,d'autant qu'elle était très mauvaise.

Un matin,nous partons donc tous les deux pour que j'apprenne la tournée et que je fasse connaissance avec les clients.
Cette matinée à été un enfer pour moi,elle avait prévenu tous les clients de son licenciement et elle avait donné de moi l'image du gros patron capitaliste qui me débarrassait de la pauvre salariée.

J'avais beau expliquer que je n'avais pas les moyens pour l'instant de la garder,ils ne voulaient rien entendre et tous les clients me disaient que si elle était licenciée,ils ne prendraient plus de pain.

La tournée faisait 50% de mon chiffre d'affaires,autant vous dire que c'était mal barré de ce côté là.
La vendeuse avait même fait une pétition contre son licenciement!
Cette vendeuse aimait bien les animaux,elle donnait des croissants frais à tous les chiens qu'elle voyait sur la tournée!

Quand je lui ai dit d'arrêter cela,elle ne comprenait même pas.Le premier jour,lorsqu'elle est rentrée de tournée,elle voulait garder le camion de tournée chez elle car elle s'en servait pour aller chercher du bois.
Elle avait même l'habitude de garder tout l'argent de la caisse de la semaine chez elle et la donnait à l'ancien propriétaire une fois par semaine.

Je comprenais maintenant les problèmes financiers de l'ancien propriétaire.Au bout du compte,elle est partie de l'entreprise sans trop de problèmes et ma compagne a su reconquérir la clientèle de tournée.

A la fin de la première semaine,quand je me mis à faire les comptes ,je voyais bien qu'il y avait un problème.On faisait la moitié du chiffre d'affaires prévu!
Je demanda à la vendeuse qui était en boutique et elle me confirma que l'on faisait plus de chiffre qu'avec l'ancien propriétaire.Je proposais plus de produits mais il n'y avait pas assez de vente.
Je demanda donc à mon comptable de me faire un prévisionnel avec le peu de chiffre que l'on avait et il me confirma que l'on allait droit dans le mur!

Aucune entreprise ne peut tenir avec 50% de chiffres d'affaires de moins que prévu dans le prévisionnel.

Au début,les banques me suivaient,ils me prenaient un peu d'agios mais plus le temps passait et plus ils augmentaient.
C'était en 2001 et on était passé à l' Euro.Ils me prenaient jusqu'à 800 €uros d'agios par mois.
Autant dire qu'ils m'enfonçaient alors qu'ils connaissaient la situation.
Mon meunier me proposa d'arrêter de payer les factures de farine le temps que j'arrive à développer les ventes de la boulangerie mais cela ne suffisait pas.
J'essayais de rentabiliser au maximum mon entreprise,j'avais une très bonne marge brute à 80%

mais mes chiffres ne suffisaient pas pour payer les frais fixes.

Mon loyer était de 1000 €uros et plusieurs fois j'avais essayé de négocier avec les propriétaires qui étaient une grosse SCI qui louaient des bâtiments commerciaux en France.

Ils ne voulaient rien entendre.La situation s'empirait,les factures impayées s'entassaient sur mon bureau et les premières lettres recommandées arrivaient.

J'avais régulièrement rendez-vous avec les huissiers que je calmait en échelonnant ce que je devais payer.Je passais quasiment plus de temps dans la gestion des factures qu'au travail.

C'est là que me sont apparus "les terreurs nocturnes".

Je me réveillais en sueur ,avec le temps que je reprenne mes esprits,une peur de "je ne sais quoi", un peu comme les enfants très jeunes qui font des cauchemars.Je ne faisait pas de cauchemars ou je ne m'en souvenait pas,mais juste une peur intense qui durait quelques secondes!

Alors qu'on touchait le fond,le petit supermarché à côté de la boulangerie commençait à avoir de gros problèmes de rentabilité.Il n'y avait pas de patron sur place et les salariés étaient livrés à eux-mêmes.

Autant vous dire que les familles des salariés ne payaient pas beaucoup de courses!On voyait passer des caddies entiers sans passer par la caisse.Cela ne dura pas très longtemps,le propriétaire ferma le petit supermarché et nous nous retrouvons tout seul dans ce grand bâtiment vide.

Notre chiffre d'affaires augmentait d'année en année mais pas assez pour nous sortir de cette impasse.

J'étais angoissé dès que le téléphone sonnait et dès que je voyais la voiture de La Poste arrivée,je savais que ça allait être une mauvaise nouvelle.
Jamais j'aurais cru dans ma vie avoir peur d'une sonnerie de téléphone ou de la camionnette de La Poste!
Je prend rendez-vous avec la chambre des métiers de mon département pour essayer de trouver une solution et je suis reçu par la Président.
C'était une très bonne connaissance de l'ancien propriétaire car mon escroc de prédécesseur était le président des boulangers de mon département!
Cette personne était très sympathique mais elle m'expliqua que je n'étais fait "escroquer légalement".
Il était très dur de porter plainte contre ça car il était quasiment impossible de prouver que le chiffre d'affaires était faux car il possédait trois boulangeries

avec un seul bilan non ventilé (les chiffres d'affaires étaient mélangés dans le bilan).

Encore une douche froide,mais sachant qu'il le connaissait,je pris quand même la décision d'aller voir un avocat.

L'avocat,lui,ne prit même pas en compte le fait du faux bilan que l'ancien propriétaire m'avait fourni pour faire mon prévisionnel.
Il me dit simplement que le camp adverse allait se défendre en disant que c'était moi qui faisait de la mauvaise qualité!
Non seulement je m'étais fait escroquer mais en plus on allait insinuer que j'étais un mauvais boulanger.

J'étais sans solutions.Je faisais bien sûr comme si cela allait se régler devant ma compagne mais c'était de plus en plus dur de cacher la vérité.

Un jour mon comptable m'appelle et me dit qu'il y avait un problème.Encore un!
Comme nous n'étions pas marier avec ma compagne,elle était considéré comme"du travail au noir "en cas de controle.Nous n'avons pas envisagé de nous marié simplement par manque d'argent, mais là,il fallait qu'on le fasse rapidement.

Nous n'avions pas les moyens pour payer le mariage alors nous demandons à tout le monde,un peu d'argent à la place des cadeaux comme ça,on pourrait inviter toute la famille.Nos parents respectifs nous ont beaucoup aider pour financer le mariage.

Au bout de trois ans sans quasiment aucun jour de congé,j'ai pris la décision de partir en vacances.J'en avais tellement marre des lettres recommandées,des huissiers et des problèmes en générale que je pris dans la caisse mille euros et on parti en Espagne pendant une semaine.

Une semaine de pur bonheur à la plage sans aucun souci,j'avais presque oublié que j'étais à deux doigts de couler!

A la fin de la semaine,il fallait rentrer au bercail!
On partait de la Costa Brava en Espagne où il faisait 25 degrés tous les jours et plus on remontait vers la France,plus il faisait froid et pluvieux.
J'imaginais déjà la boîte aux lettres pleine de recommandés à aller chercher à la Poste.

Arriver à la maison,c'était pire que ce que j'avais imaginé.La boîte aux lettres débordait de lettres.Le clapet de la boîte aux lettres ne fermait plus.

C'était reparti,après cette petite semaine de répit,il fallait que je trouve une solution.

En 2004,les foyers commençaient à s'équiper en informatique.J'avais vu cet ordinateur chez mon oncle et avec internet qui se démocratisait,je voyais le potentiel de cet outil.

Je ne m'étais jamais servi d'un ordinateur,je me connecta à internet et avec un peu de mal au début,je commença à essayer de trouver une solution à mon problème.

Il n'y avait que des sites faits par des hommes de lois avec des termes incompréhensibles et rien de concret.Aucun témoignages,rien de bien intéressant pour m'aider.

Un jour,le "seigneur banquier" m'appela :
_" Que comptez-vous faire pour améliorer votre situation?
Au début,j'essayais de rester calme face à ce bureaucrate parasite.
Je lui dit que si de leur côté ,ils arrêteraient de me piquer 800 €uros par mois en frais d'agios,mon problème aurait déjà un début de solutions.Le ton montait entre nous et après l'avoir insulté de voleur,il me raccrocha au nez.

Je sentais que j'avais passé le point de non retour et j'éclata en sanglots.

Deux jours après, le service contentieux de la banque m'appelait. Tous les chèques que je faisais étaient bloqués tant que mon découvert ne serait pas remis à zéro.

Ma femme en rentrant de tournée allait mettre de l'essence dans le camion chez un petit pompiste de la région.
Ce jour-là, elle revient de chez le pompiste avec un document d'un des chèques bloqués.

A cette époque là, les chèques refusés par la banque devaient être débloqués un par un avec un timbre amende acheter aux impôts.
Nous étions obligés de payer les timbres amendes avec le chiffre d'affaires de la journée pour débloquer certains chèques.
Un jour, nous avons dû payer 100 €uros de timbres amendes pour un plein d'essence de 50 €uros car pas d'essence, pas de tournée de pain et donc moitié moins de chiffre d'affaires !
Cela devenait ingérable.

Tous les fournisseurs m'appelaient un par un,j'essayais de gagner leur confiance et les payant petit à petit en espèce mais comme je ne mettais plus d'argent sur le compte pro,je me doutais que cela ne durerait pas longtemps.

En plus des problèmes d'argent,ma femme me mis au courant que j'allais être papa pour la deuxième fois!
Je lui expliqua que ce n'était peut être pas la période idéale mais que c'était à elle de prendre la décision.Aujourd'hui je sais bien qu'il n'y a aucun moment idéal pour avoir des enfants et que ce cadeau naturel de la vie ne doit pas être réfléchi mais seulement accepter car rien ne remplace des enfants.

En parallèle du travail,je passais le reste de mes journées à essayer de trouver une solution avec mon nouvel outil internet.
Je voyais bien sur les forum d'internet que je n'étais pas le seul à qui cela arrivait,mais aucune solution n'était proposée.

Les banques n'avait pas le droit d'enfoncer les entreprises comme il le faisait avec leur frais d'agios et je décida de prendre un avocat pour essayer de me défendre mais je ne m'imaginais pas que tous les avocats que j'allais contacter allaient tout simplement refusé de s'attaquer aux banques!

Tous ces charognards étaient capables de monter les gens les uns contre les autres pour un divorce ou une succession mais pas de défendre une petite entreprise contre les banques qui enfreignent la loi!

La descente aux enfers continuait et un jour, par hasard, je tombe sur un article qui parlait d'une grande entreprise qui s'était mise en redressement judiciaire pour restructurer son bilan négatif...

Redressement judiciaire.

Le redressement judiciaire fait peur aux entrepreneurs car le fait de savoir que notre nom allait être inscrit au journal officiel et que les fournisseurs allaient savoir notre réalité financière, on perdrait toute crédibilité.

La honte aussi est un des facteurs qui fait que l'on attend trop souvent longtemps avant de saisir cette solution.
Il ne faut pas se voiler la face,lorsque l'on met toute son énergie dans son entreprise et que l'on admet avoir besoin d'aide, c'est un cap très dur à passer.C'est pour cela,si vous devez retenir qu'une seule chose de ce livre,c'est :

<u>N'attendez pas pour vous mettre en redressement judiciaire,plus vous attendez et plus vous empirer votre cas !</u>

Il est certain que cela va être très dur mais quand vous êtes sur votre lit de mort,il serait illogique de ne pas tester un nouveau traitement.

Ce qu'il faut savoir,dans le redressement judiciaire,c'est que dès que vous avez déposé votre dossier,tout s'arrête.

Les huissiers,les lettres recommandées,les coup de téléphone des banques sont maintenant terminées pendant toute la "période d'observation".
Après avoir été 5 ans dans la galère financière,je revivais.

Tout le passif (crédits professionnels,factures en retard,loyers en retard etc…) est mis de côté par le tribunal,et personne n'a le droit de vous le réclamer.

Maintenant,je devais faire tourner mon fond de commerce,sans crédit,sans dettes,pour voir si il était rentable.Dans mon cas,j'étais rentable,je le savais,j'avais une très bonne marge,un chiffre d'affaire toujours en légère augmentation.J'allais donc pouvoir me consacrer à 200% au développement que j'avais mis de côté car je passais tout mon temps dans la gestion des problèmes.

Le tribunal des commerces,pendant cette période qui pour moi à durée un an,examine de près les chiffres de notre entreprise pour voir si elle est sauvable.
Tous les deux mois,je passais au tribunal avec un petit bilan,et le tribunal décidait la poursuite de l'activité ou pas.

Mon premier passage au tribunal a été un peu flippant pour moi.
Quand je suis arrivé dans la salle d'attente,j'étais avec plein d'autres entrepreneurs qui étaient dans la

même situation que moi.Tout le monde se regardait avec une angoisse très visible.

Tout à coup,la porte s'est ouverte violemment et une femme s'est mis à courir en pleurant!
J'ai croisé son regard et j'ai compris que pour elle,c'était fini!

Mon nom était appelé par le greffier et je me dirigea vers la salle du tribunal.

En rentrant dans la salle,en face de moi se trouvait "les juges",il sont 3 personnes.Ce sont généralement des anciens entrepreneurs.Il y a le greffier,c'est la personne qui transmet sur papier ce qui va se dire;et le mandataire judiciaire,cette personne allait être pour moi la nouvelle interlocutrice entre le tribunal et moi.Tout allait passer par elle.

_"Asseyez-vous Monsieur"!
Je m'assois sur la chaise devant le grand bureau,et là,je ne sais pas si cela est fait exprès,mais cette chaise est toute petite en hauteur.J'avais le menton à la hauteur du bureau!

Pas un bruit dans la salle,tout le monde était en train de lire mon dossier et j'attendais sans bouger.Ça me rappelait un peu mes premières convocations chez le directeur quand j'étais au collège.

Au bout de 5 longues minutes interminables,le président me dit:
_"Alors Monsieur,que se passe t-il ?"

J'expose mon cas,les faux bilans,l'achat du commerce trop cher,etc…

Après 5 minutes de pleurnicherie de ma part,le président reprit la parole:
_"Maintenant qu'est ce que vous comptez faire pour sauver votre entreprise? Nous vous laissons 2 mois d'observations! Revenez avec la solution ou nous liquiderons votre entreprise."

C'était brutal mais clair.Les membres du tribunal des commerces sont assez froids,mais ils sont justes.Ils sont là pour trouver la meilleure des solutions en gardant ouverte les entreprises et en payant au maximum les créanciers.

Les deux premiers mois d'observation ne sont pas faciles car tout le système se met en place.Les banques vous enlèvent les cartes bancaires et les chéquiers,vous ne pouvez payer que par virement et en espèces.Les contrats en cours comme

EDF,contrat de location de véhicule,etc sont obligatoirement maintenu mais ces entreprises essaies quand même de les stopper.

Un matin de mon jour de congé où j'allais faire de l'avance dans mon travail,je croisa un agent EDF qui venait juste de fermer le boîtier extérieur de mon compteur.
Je lui dis bonjour,et il me salue aussi.
En rentrant dans le fournil de ma boulangerie,j'essaye d'allumer la lumière mais rien ne se passe!
Je croyais que les fusibles avaient sauté et j'essayais donc de les remettre mais rien ne se passa.
Je m'aperçus vite que l'agent EDF que je venais de croiser avait coupé l'électricité.
J'ai passé toute la journée au téléphone avec différentes personnes d' EDF pour leur dire qu'ils n'avaient pas le droit d'arrêter mon contrat.
Au bout de 5 heures,EDF décida de me remettre l'électricité.
J'avais de la chance car un agent n'étais pas loin et il pouvait remettre la ligne dans l'heure même.Ma chance ne durera pas longtemps car en remettant les fusibles et comme j'avais une ligne triphasé,cette agent se trompa dans les branchement et tout mon matériel tournait à l'envers!

Pour les lumières,il n'y avait pas de problèmes mais pour mon pétrin,le fait d'être branché à l'envers,cela faisait sortir la pâte de la cuve!

Encore 2 heures à passer au téléphone pour leur expliquer le problème.
Vers 18h00,tout était réglé et je pouvais enfin commencer à travailler.

Mes clients avaient vu dans le journal que j'étais en procédure collective mais comme peu de personnes connaissent les thermes,presque tous les clients croyaient que la boulangerie allait fermer!
Nous avons passé beaucoup de temps à expliquer aux clients que ce n'était pas le cas.
Du côté des fournisseurs,fini la prospection.Marqué en rouge dans le fichier BODACC,plus aucun nouveau fournisseur ne nous démarchaient.
Remarquez,on perdait moins de temps de ce côté là.

Gérer mon entreprise redevenait simple comme j'avais connu dans ma première boulangerie.La caisse se remplissait,je payais toutes mes factures sans problèmes.

Au bout d'un mois et demi,ma comptable de l'époque me donna rendez-vous pour faire le point

de ce que j'allais apporter comme chiffres au tribunal.
Elle était confiante car le bénéfice était bon mais elle m'alerte sur le fait que je n'avais pas beaucoup de bénéfice.
Pour moi,j'avais largement assez de bénéfice mais comme nous ne dépensons pas beaucoup étant tout le temps dans le travail,c'était suffisant pour nous.
Il faut dire aussi que ma deuxième fille était née et que la CAF nous versait des allocations qui nous aidait beaucoup.
Ma comptable me donna une stratégie.Elle savait que le tribunal laissait continuer les entreprises au moins quatre mois pour pouvoir payer les frais de justice (tribunal,mandataire,greffier etc).Elle me conseilla d'attendre de voir ce que dirait le tribunal et s'ils me disaient qu'il fallait liquider l'entreprise,je pouvais leur dire que je pouvais licencier ma vendeuse pour augmenter le bénéfice.

Nous étions trois dans l'entreprise à cette époque là;ma femme en tournée le matin et en boutique l'apres midi,une vendeuse le matin en boutique et moi à la fabrication.
Je savais que s' il fallait que je me sépare de ma vendeuse,ce devait être moi qui fasse la tournée en plus de mon travail.

Mon deuxième rendez-vous au tribunal arriva.Je rentre dans le tribunal et comme la première fois ,je sens l'angoisse qui monte en moi.

Je m'assieds et j'attends.Tout le monde était en train de lire mon bilan des deux mois.Le président se mis à parler :

-"Bon Monsieur,on voit bien que ce n'est pas sauvable,liquidation judiciaire!

Je sentais ma gorge se nouer et je lui répondis directement:

-"Non,ce n'est pas possible,vous pouvez pas me liquider alors que je suis rentable"!

-Oui,vous êtes rentable pour l'instant car vous ne payez pas les dettes! Vous n'aurez jamais assez de bénéfices pour vivre et payer le passif!"

Je lui expliqua ma deuxième solution,en licenciant ma vendeuse,j'augmenterais largement mon bénéfice et je pourrais payer mes dettes.

Le président du tribunal,habitué à ces situations, me met en garde un peu méchamment!

-"Vous vous rendez compte du travail que ça va vous faire en plus;qui va vendre à la place de la vendeuse? Il ne faudra pas venir pleurer dans six mois car vous ne pourrez pas suivre physiquement!

Je lui répondis aussitôt :
-"Le travail ce n'est pas un problème !
Je voyais bien que tout le tribunal me prenait pour un fou,mais j'étais persuadé d'y arriver.

-"Ok,rendez-vous dans deux mois" dit le président du tribunal.

Le lendemain,je mettais au courant notre vendeuse de la situation.J'étais rassuré car le chômage allait la payer jusqu'à ce qu'elle soit en retraite l'année d'après.

Maintenant,nous allons donc devoir faire tourner l'entreprise à deux.Ma femme allait être en boutique toute la journée et moi je devais être à la fabrication et faire la tournée le matin de 8h00 à 13h00.

Pendant deux ans, nous avons fonctionné comme ça.
Ma femme à travaillé enceinte jusqu'au bout.Elle à même été à l'hopital toute seule en voiture.C'est une infirmière qui m'a apellé pendant que je faisais la sieste en me disant que si je voulais assister à

l'accouchement,il ne me restait à peine une heure pour arriver à l'hôpital.

Je prenais le matin à 3h00,je cuisais le pain.A 8h00 je partais pour 5h00 de tournée.A 13h00,je mangeais vite fait,je faisais une sieste jusqu'à 16h00 et ensuite je travaillais jusqu'à 20h00.

Quatorze heures par jour,six jours sur sept sauf mon jour de congé où je ne bossais que trois heures et tout cela sans vacances !
Lorsque l'on travaille à ce rythme là,les années passent très vite.Heureusement,au bout des deux ans,nous avons pu prendre un apprenti qui m'a beaucoup soulagé de la charge de travail.

Je retournais donc au tribunal pour mon quatrième mois et voyant que tout se passait bien,le tribunal décida que je devais passer en période de continuité.

Nous avons donc proposé un plan de remboursement aux créanciers étalé sur 10 ans.
En gros,ce qu'à fait le tribunal,c'est d'étaler les dettes à la place de m' enfoncer comme l'on fait les banques les premières années.

Je me suis toujours demandé pourquoi les banques enfonçaient les commerçants lorsqu'ils avaient des soucis financiers.
En me penchant sur la question et grâce à internet,j'ai trouvé un début de réponse.
Lorsqu'une banque fait un crédit à une entreprise,elle s'assure sur le fait de ne pas être remboursée.Cette assurance sur les défaillances s'appelle CDS (Credit Default Swap).
Donc lorsqu'une banque à besoin de fonds,elle préfère enfoncer une entreprise pour la faire couler,comme cela elle récupère l'argent de l'assurance plus vite que si elle avait attendu la fin du crédit! En cherchant sur internet vous trouverez plus d'informations à ce sujet.

Tout se passait bien,mon chiffre d'affaires montait d'année en année,nous avons quasiment doublé le chiffre d' affaires en 13 ans d'installation dans cette boulangerie.
Nous avions mis en place deux distributeurs de pain 24/7,un devant notre boutique et un autre dans une petite commune avoisinante.Nous avions aussi essayé de réouvrir le petit supermarché à côté de notre boutique mais la mairie a fait marche arrière.

Ma femme allait accouché de nos 3eme et 4 eme filles,des jumelles,en plus du fond de commerce.Autant vous dire qu'on était pas mal occupé.

Lorsque j'avais essayé d'ouvrir la supérette,j'avais sans m'en rendre compte déclenché un nouvel intérêt pour ce local vide.Comme quoi que, si nos actions n'aboutissent pas,elles peuvent déboucher quand même sur quelque chose de positif.

Un couple venu du sud de la France ont rouvert la supérette.
De très bons commerçants qui avaient comme moi le sens du commerce et du développement.
Ils faisaient tout ce qui était possible, livraison,tabac,fleurs,etc…

En un an,notre petite boulangerie délaissée avec un grand local vide à côté s'était transformée en une petite zone commerciale de petit village avec tout le temps du monde sur le parking.

J'avais dans un coin de la tête,l'envie d'ouvrir un coin pizza dans la boutique mais j'avais entendu dire qu'une personne du village voulait le faire.

Je laissais donc tomber au début mais en voyant que les choses n'avançaient toujours pas au bout de six mois et que cette personne s'était mis en travers de nous pour que nous ré-ouvrions la supérette,j'ai pris la décision d'ouvrir le coin pizza.

Je déteste ce genre de personnes qui parlent des heures sans agir.Moi,j'agis.
En une semaine,j'avais acheté le matériel,refait les papiers de la boutique,et construit le coin pizza.

Je croyais faire une dizaine de pizza,en ouvrant ce coin pizza.
Le premier soir d'ouverture à été une folie complète;le téléphone n'arrêtait pas de sonner.
Ma femme prenait les commandes sans qu'on ai prévu la logistique d'une telle soirée.

Mon père qui était boulanger aussi,était passé nous voir ce soir-là,il n'a pas quitté le coin pâtisserie pour m'aider à étaler les pâtes à pizza!
Je n'avais même pas assez de matière première pour faire les pizzas!
On peut dire que c'était une catastrophe pour un lancement mais comme la clientèle nous connaissait depuis presque dix ans,ils ont très bien compris la situation.
A la fin de la soirée vers 22h00,en faisant les comptes,on s'aperçus du potentiel du coin pizza.
80 pizzas en 4 heures de travail!

La deuxième soirée pizza était impeccable,j'avais tout bien organisé,prévu assez de matière première,bref tous les clients étaient contents.

Je retrouvais goût à la fabrication artisanale des pizzas.
Depuis le redressement judiciaire,j'étais passé au surgelé pour mes pâtisseries car je n' avais plus le temps de les faire.Cela me peinait beaucoup car la créativité artisanale de la boulangerie-pâtisserie était pour moi primordiale.

Cette année-là,nous avons augmenté le chiffre d'affaires de 30% avec les pizzas.Nous avions aussi récupéré le point Poste de la commune.
Avec l'augmentation du chiffre d'affaires ,j'avais repris une vendeuse en tournée pour me focaliser sur les pizzas.J'ai même eu un contrôle fiscal car mon chiffre d'affaires avait augmenté mais pas mon bénéfice!
Normal,j'avais repris une vendeuse !

Normalement pour quelqu'un de "normal", quand tout va bien,on ne change rien.Mais moi,comme tous les entrepreneurs,je voyais plus loin.

Pour moi,même si l'épicerie se développait bien,je n'y croyais pas à long terme et je me suis dit qu'il fallait mieux vendre quand tout allait bien.
En plus,au niveau du chiffre d'affaires,j'étais au maximum de ce que l'on pouvait faire dans cette petite commune.Bien sûr,rouvrir d'autres services ou faire d'autres produits allaient augmenter mon chiffre d'affaires mais je savais bien que comme la masse salariale allait augmenter,mon bénéfice allait stagner.

Je donc pris la décision de vendre.Me femme n'était pas daccord.Pour elle tout allait bien et cela allait la faire sortir de sa zone de confort.
Je comprenais très bien son point de vue mais comme elle m'avait toujours suivi dans mes projets,je savais que c'était une histoire de temps.

J'en parle donc à mon meunier et il me répondit que comme il y a beaucoup de boulangeries à vendre,cela allait être compliqué.
Pas grave!,je n'étais pas pressé et mon futur projet commençait à peine à mûrir dans ma tête.

La vente de notre boulangerie a mis deux ans.
Trois repreneurs se sont manifestés mais ils ne passaient pas au niveau des banques.

On commençait vraiment à désespérer et là, surprise, un jeune boulanger avait un avis favorable des banques.
Le seul bémol était le prix.

J'avais acheté cette boulangerie 150 000 euros alors qu'elle faisait un chiffre d'affaires de 80 000 la première année et je l'ai vendu 80 000 euros alors qu'elle faisait presque 150 000 euros!

De toute façon, je n'avais pas le choix, si je voulais partir, je devais la vendre à ce prix là.

Nous signons un compromis de vente chez le notaire et six mois plus tard, je lui remettais les clefs de ma deuxième boulangerie.

Une semaine après, j'étais convoqué devant le tribunal des commerces. J'avais peur qu'ils annulent la vente où quoi que ce soit que je ne savais pas mais ce n'était pas pour cela.

Le greffier vient me chercher dans la salle d'attente et je lui demanda ce que me voulait le tribunal.
Le greffier me dit:
-"C'est juste pour vous féliciter d'avoir réussi votre redressement judiciaire".

Je lui dit que ce n'était pas la peine mais il insista.

En rentrant dans le bureau du tribunal des commerces,j'avais l'impression de voir d'autres personnes que d'habitude.Tout le monde avait le sourir alors qu'auparavant il régnait un silence de mort.Le président prit la parole:
-"Monsieur,je me joins au bureau du tribunal des commerces pour vous féliciter de la réussite de votre redressement judiciaire;cela est tellement rare que nous souhaitions le souligner".
J'étais quand même fier,après tant de travail et de sacrifices mais pour moi je n'avais pas le choix.
Je devais réussir.

Aujourd'hui,cette boulangerie n'est plus qu'un dépôt de pain et la supérette à fermée.Le temps m'a donné raison.
Etant dans la boulangerie depuis que j'ai quatre ans,j'ai vite compris que les grandes surfaces et les franchisés allaient rafler le marché de la boulangerie.La façon de consommer aussi à changer.Tout le monde me disait:"on mangera toujours du pain"!
Oui,on mange toujours du pain,mais on l'achète différemment.

1ere Création de Commerce.

Nous avons longuement réfléchis,ma femme et moi,sur notre création de commerce.

Comme on avait vu le potentiel de la pizza et que je m'éclatais à les fabriquer,nous partons sur une pizzéria.

Au début ,nous avons visité un local où on pouvait mélanger notre maison et la pizzeria.J'avais fait tous les plans mais quelque chose n'allait pas.Je ne savais pas quoi à l'époque mais aujourd'hui je comprends.J'avais peur de m'enterrer dans ce petit village sans pouvoir évoluer.

Un jour,en me souvenant de mes vacances passées en Espagne,je ne sais pas pourquoi mais je pense au taureau mécanique que j'avais essayé.
Je m'étais aperçu de la bonne ambiance que cela gênerait.Les gens attendent la chute!

Mon thème de pizzéria était tout trouvé,ambiance western avec un taureau mécanique au milieu de la salle.
Me femme se mis à rigoler quand je lui parla du taureau et me dit directement:
"-oui ça pourrait être pas mal !
Je me suis mis devant mon ordinateur et c'était parti.
Recherche de décor,plan 3D,prévisionnel,etc…
J'avais même fait une maquette de la salle en bâton de glace pour me rendre compte de la vue des clients.

Je voulais que tous les clients puissent voir le taureau mécanique de n'importe où dans la salle. Je me rapel d'une phrase que m'a dite mon père quand il a vu la maquette :
-"Toi, tu m'étonnera toujours !"

Nous en avons passer des soirées à régler tous les détails avec ma femme, il y avait même des fois où je ne n'arrivais plus réflechir tellement on bossait sur le sujet.
Des engueulades éclataient, mais on trouvait toujours un compromis pour associer nos idées respectives.

Un soir, je lance l'idée comme ça sans réfléchir.
Et si on louait un local en zone commerciale à côté des franchises nationales comme Buffalo et la Pataterie ?
Ma femme, qui elle mesure plus le danger que moi et qui sait qu'on ne peut pas m'arreter me dit :

-"OK, on fait les choses en grand, mais tu sais ce que cela implique, on risque de perdre tout l'argent qu'on a gagné en presque 16 ans !"

Quand je me suis mis à chercher un local en zone commerciale dans les villes à côté de chez moi, je me suis aperçu que je jouais dans la cour des gros.

Rien que pour signer le bail,la plupart des propriétaires demandaient 50 000 euros de droits au bail !
Je n'avais pas les moyens financiers pour mettre une telle somme juste pour le local.Je décide donc de chercher un local dans une plus petite ville.Je trouve donc un local dans une zone de chalandise de 15 000 habitants juste à côté d'un Mc Donald.

Un ancien magasin de chaussures de 400 m²,vide,avec tous les travaux à faire de A à Z.Il fallait que je refasse tous les plans adaptés à la surface de ce local,et très vite je me suis aperçu que les banques ne me suivrais pas.Je n'avais pas assez d'apport pour un tel projet.

J'ai pris rendez-vous dans plusieurs banques et sur quatre,une seule me suivait et avec une autre condition.Il me fallait plus d'apport personnel.

Nous ne sommes pas fortunés dans la famille,on ne voyait pas où trouver des associés.

On avait quasiment laisser tomber le projet,et un soir, ma femme en parlant avec le propriétaire de notre maison et sa soeur,elle leur parla de notre projet.

Etant tous les deux fan de country,ils ont adorés le projet et on proposer eux-même de devenir associés.

On commença à detaillé le projet quand la soeur de ma femme arriva à la maison et en nous entendant parler,elle pris la décision de rejoindre l'aventure.

Je les prevenaient bien sûr du risque que cela allait être au niveau financier mais ils me faisaient tous confiance.

Nous étions maintenant cinq associés mais je gardais la majorité des parts pour pouvoir diriger comme je le souhaitais et personne n'y voyait d'objections.

Nous passons tous devant l'avocate d'affaire pour créer les statuts et signons le crédit de la société à la banque.La banque m'avait demandé de me porter caution à titre personnel sur le crédit professionnel de la société.Je n'avais pas le choix,si je ne signais pas ce document,aucun fond ne serait débloqués.

C'était parti,j'avais les clefs du local et nous commençons dès le lendemain les travaux.

Je me suis vraiment aperçu de l'ampleur des travaux le premier jour où je suis arrivé dans le local avec mes petits outils de bricoleur du dimanche!

Heureusement qu'un des associés avait l'habitude des gros travaux,il avait tout le matériel et surtout le savoir faire.J'avais pris une entreprise pour faire le placo et l'électricité car il y avait des normes très strictes pour les établissements recevant du public.

Les problèmes commencent dès le premier jour;pour les normes anti-feu,il fallait doubler l'épaisseur du placo-plâtre.L'entreprise ne m'avait pas prévenu de ce "détails" qui me faisait déjà gratter dans ma trésorerie.
Je n'avais pas le choix,il fallait avancer.

Pendant plus de trois mois,nous avons presque tout fait nous même.Ca commençait à prendre forme.je me souviens du jour où l'entreprise de publicité à poser l'enseigne.J'étais devant le local et je ne pouvais plus décrocher le regard de la devanture.
J'étais fier du travail accompli.

Beaucoup de membres de notre famille sont venus nous aider pour les travaux.J'ai aimé voir leur visage lorsqu'il rentrait dans la salle du restaurant.
Ils étaient pour la plupart stupéfaits et voyaient l'ampleur du projet.Ce n'était plus un pauvre dessin sur une feuille volante que je leur dessinais mais un super restaurant avec un gros potentiel.

Les problèmes s'enchaînaient les uns après les autres mais je les réglais aussitôt;le banquier ne voulait pas payé le four à pizza qui venait d'Italie tant qu'il ne serait pas livré et l'entreprise ne voulait pas le livrer tant qu'il n'était pas payé.Normale non,je voyais mal une entreprise envoyer un four d'une tonne qui valait 15 000 euros dans un autre pays sans avoir été payé mais mon banquier me disait:
-"Imaginez vous que je fasse le virement et qu'il ne vous livre pas le four!"

J'étais stupéfait de voir qu'un tel guignol était directeur d'agence et que c'était lui qui s'occupait des professionnels.

Après l'avoir menacé de tout arrêter ,s' il ne faisait pas le virement,cet apprenti banquier d'une cinquantaine d'années reprit ses esprits et paya le four à bois.

Ces trois mois de travaux ont été épuisants pour les associés,je voyais bien qu'ils en avaient tous marre des travaux,d'ailleurs ils venaient de moins en moins à la fin.
Je leur en avait peut-être demandé un peu trop car moi j'étais la tête dans le guidon.

Je me suis mis à recruter l'équipe sans trop de problèmes car il y a tellement de chômage que les CV s'accumulaient sur mon bureau.

Nous étions à une semaine de l'ouverture et le taureau mécanique n'était toujours pas arrivé d'Angleterre.
Je leur envoyais des mails avec mes quelques notions d'anglais et il me répondait qu'ils avaient une grève des transports dans leur pays et qu'ils ne savaient pas quand ils pourraient me l'envoyer.

Je pris donc la décision d'aller chercher moi-même le taureau mécanique car je ne pouvais pas attendre plus longtemps,ni décalé l'ouverture car les publicités étaient lancées.
La veille de partir pour l'Angleterre,dans la matinée,une belle surprise m'attendait.Le transporteur était devant le restaurant avec le taureau mécanique.
Tout était prêt,on était vendredi et l'ouverture allait se faire le lendemain.Je voulais ouvrir un samedi,car en zone commerciale,c'est à ce moment- là qu'il y a le plus de monde.

Grosse erreur de ma part!

L'ouverture

J'étais tellement impatient et excité que je n'ai quasiment pas dormi de la nuit.
À 9h00, j'ouvrais les portes du restaurant pour accueillir tous les salariés.

J'avais trop de masse salariale au début mais c'était pour assurer le surcroît d'activité dû à l'ouverture.Pour moi tout était réglé comme du papier à musique mais je ne me doutais pas que j'allais vivre une des pires journées de ma vie.

Le chef pizzaiolo n'était toujours pas arrivé!Je lui envoie donc un message pour lui demander s' il avait un souci.
Il me répondit aussitôt en me disant qu'il démissionnait et qu'il ne viendrait pas!
La journée commençait déjà très mal car j'avais tellement de choses à m'occuper que je me voyais mal être à la fabrication en même temps ,mais je n'avais pas le choix.

J'appris par la suite que ce pizzaiolo était le chef pizzaiolo de la plus grosse pizzéria de la ville et que son patron l'avait envoyé postulé dans mon restaurant pour me planter le jour de l'ouverture! J'étais bien sur énervé de cette façon de faire mais dans un sens,si il était capable de mettre au point cette stratégie,c'est qu'il avait peur de mon restaurant.

11h30,j'ouvre les portes du restaurant,et là,une foule de clients s'engouffrent dans la salle comme dans les vidéos que l'on voit pour l'ouverture des soldes!

J'étais bien sûr content,mais nous avons vite été submergés.J'aurais jamais pensé être obligé à filtrer l'entrée au bout de 30 minutes d'ouverture car ma capacité était de 100 personnes maximum.

Une cinquantaine de personnes était collée à la caisse pour prendre des pizzas à emporter en plus des clients qui étaient déjà assis dans la salle.

A la fabrication,ça suivait mais le souci était la capacité de mon four à pizza.
Je sortais 9 pizzas toutes les 5 minutes mais cela ne suffisait pas.
La formule était une boisson,un dessert et pizza en part à volonté mais comme les clients avaient peur de ne pas avoir assez de pizza,ils remplissaient leur assiette et vidaient aussitôt le self à pizza.
Nous avons tellement été débordés que je n'ai pas pu faire tourner le taureau mécanique.

Les clients se plaignaient dans tous les sens,je ne savais pu où me mettre.Ma femme essayait de calmer les clients au maximum mais c'était très difficile à faire.
-"Les pizzas ne sont pas assez cuites";"c'est inadmissible de voir un tel bordel";"vous n'allez pas durer longtemps en étant si mauvais"!

J'en prenais plein la tête et je n'avais aucune solution,à part laisser passer la tempête.

Ma tante qui était de l'autre côté du comptoir croisa mon regard en me disant:

"-ça va,seb"!

Je lui répondu d'un petit oui de la tête et je parti me planquer dans la reserve.Je ne savais plus quoi faire mais je ne pouvais pas laisser tomber.

Une fois retourner "au front",nous avons fait de notre mieux,je sentais dans le regard de ma femme de la satisfaction car notre projet plaisait mais une grande déception dû à ce débordement incontrôlable.

14:30:Fin du "round"!

Il nous restait à nettoyer le tout pour le service du soir.Tout le monde était silencieux et se remémorait ce qui venait de se passer.

Etant un garçon très organisé,je me mis à mon bureau et je commençais à lister les problèmes que l'on avait rencontré.Il y en avait tellement ,mais l'excitation était telle que le lendemain tout était réglé.

Au bout du deuxième jour d'ouverture,je me suis aperçu que cela faisait 2 jours que je n'avais pas manger.Je n'avais même pas faim !
 En trois mois,ma femme avait perdu 10 Kilos et moi 15.

Nous avons cartonné pendant plus de deux mois et demi,je mettais en place des processus pour accélérer la fabrication et je surveillais la marge jour par jour.
Plus de 85% de marge brute,une masse salariale qui ne dépassait pas 25% du chiffre d'affaires,tout était bon.

On est bien parti.

Le troisième mois,on commença à sentir une petite baisse la semaine;le week-end,c'était toujours plein.

Je commençais à ne pas renouveler les contrats à durée déterminée car je sentais que l'effet ouverture était en train de se calmer.
Je commença à me tourner vers les réseaux sociaux pour commencer à faire de la pub.
Avec le recul,j'aurais dû commencer cela dès le début pour augmenter l'effet ouverture dans le temps mais c'est facile à dire une fois que c'est fait et moins facile à faire sur le terrain.

J'organisais des concerts,des karaokés,des anniversaires enfants,bref tout ce que les chaînes de restaurant faisaient,je le testais.

Nous étions le 4eme restaurant sur 23 sur Tripadvisor,juste au dessus des restaurants haut de gamme de la ville.
Tous les commentaires étaient bons mais nous ne relâchons pas notre travail car je voyais que mon chiffre de la semaine descendait quand même.

Comme je maitrisais bien ma marge brute,je me mis à faire "2 pizzas achetées,la 3ème gratuite" pour booster les pizzas à emporter.
Le résultat était bon mais cela ne faisait pas augmenter la clientèle la semaine.

La semaine,on attendait de plus en plus le client et nous étions débordés le week-end.

Le plus gros problème que l'on a rencontré,c'était la grande salle.Il fallait cette superficie de 200 m² le week-end mais la semaine,lorsque les nouveaux clients rentraient,ils étaient refroidis par l'effet vide.

Lorsque j'avais fait les plans,je voulais que tout le monde voit le taureau mécanique de partout dans la salle;c'était bien lorsque la salle était pleine mais cela avait un effet négatif la semaine quand il y avait peu de clients.
Un architecte aurait décelé ce problème en amont mais moi je n'y avais pas pensé!

Toute cette première année,je me suis démené sur la publicité sur les réseaux sociaux,j'en faisait une tous les deux jours.
Cela marchait au niveau des vues mais la conversion en clients était très difficile.
Une bonne base à retenir dans les réseaux sociaux,c'est 100/10/1.
Cela veut dire que si cent personnes voient la publication,en moyenne dix personnes vont l'aimer où la partager et une personne va être convertie en client!

Autant dire que ces chiffres ne sont pas très réjouissants mais c'est le meilleur taux de conversion en ce moment.
Par exemple, on prend une base de 1000 flyers pour un client potentiel pour la publicité papier.

La meilleure chose que j'ai mis en place pour le restaurant,à par faire de la qualité bien sûr,c'est une mascotte.Nous allons régulièrement sur les parking faire de la publicité avec la mascotte et cela a eu un fort impact sur le nombre de clients.

Bref,nous faisons tout pour essayer d'augmenter notre chiffre d'affaires mais malgré cela,il ne décollait pas assez.Le local était en pleine zone commerciale et le loyer était de 3500 euros par mois.
Les frais fixes étaient donc très importants mais comme c'était une affaire familiale,le fait de ne pas être payé ou peu,cela compensait le prix du loyer.

Pendant ces deux an et demi,je ne suis pas versé de salaire,je versais un salaire de 1000 euros à ma femme et 500 euros à ma fille.

Le restaurant était ouvert 7/7 jours et au bout d'un an,la fatigue de l'équipe se faisait ressentir.

Je donnais donc une journée de congé à ma femme et à ma fille et on faisait les services à trois;ma femme où ma fille,le pizzaiolo et moi.

Le week-end,je prenais ma belle-sœur pour le service du samedi soir car le restaurant était quasiment toujours plein.
Notre chiffre d'affaires était constant mais ne suffisait pas.La trésorerie qui était à sec commençait à me faire rentrer dans la spirale des frais bancaires et des pénalités de retard.

L'histoire se répétait !

Ayant déjà vécu cela avec la 2ème boulangerie,j'avais appris qu'il ne fallait pas laisser gangrener la situation.

Comme mes marges étaient bonnes,j'ai pris rendez-vous avec la mandataire judiciaire pour lancer une procédure de redressement judiciaire.
Le refinancement par le tribunal me permettrait de passer ce cap de lancement et de faire comme avec la boulangerie.

2 ème redressement judiciaire

Le rendez-vous était pris, j'avais fait un prévisionnel qui tient la route et je me sentais confiant car je connaissais la procédure.

En arrivant dans le bureau de la mandataire judiciaire,elle me dit:

"-Monsieur,qu'est ce que vous faites encore là!"

Je lui expliqua donc mon cas et elle aussi était confiante,car cette fois ci je n'avais pas attendu avant d'essayer de prendre cette solution.

Le tribunal me met donc en période d'observation.Période qui sert à prouver au tribunal que l'entreprise est viable tout en bloquant les crédits et autres dettes;ce qui m'aurait permis de me refaire une trésorerie et de repartir sur de bonnes bases.

Pendant deux mois tout allait bien,je payais tout sans problèmes mais nous ne nous payons quasiment pas.
Nous étions fin 2016 et plusieurs évènements allaient avoir un impact sur notre activité.Les attentats en France!
En 2016,il y a eu 4 attentats en France et à chaque fois,notre chiffre d'affaires s'effondrait pendant deux ou trois semaines.Les clients avaient peur et sortaient moins.Cette baisse se faisait ressentir dans toutes les activités.

Notre trésorerie tenait le coup mais je ne me payais plus.Je pris la décision d'essayer de vendre le restaurant à contre-coeur mais je voyais bien que ce n'était pas le moment pour vendre.

Je m'endette à titre perso pour remettre un peu de trésorerie sur le compte mais une mauvaise nouvelle allait encore tomber.

La zone commerciale que j'avais choisie pour l'emplacement était idéale,j'étais à côté de Mc Donald et il n'y avait pas d'autres concurrents.

La mauvaise nouvelle tomba:un restaurant chinois à volonté allait s'installer juste en face de moi.Je ne croyais pas à ces informations au début et un soir à la fermeture de notre restaurant,je m'aperçus que des camions livraient du matériel de restauration. Cette fois-çi,c'était sûr!

J'étais en panique,je sentais notre arrêt de mort.

Le lendemain,j'apprenais aussi qu'un kiosque à pizza allait s'installer par très loin de chez nous. Les mauvaises nouvelles tombaient les unes après les autres.

Trois mois après,le restaurant chinois à volonté ouvrait.

Du jour au lendemain,plus personne dans notre restaurant.

A part le week-end où nous remplissons la salle ,la semaine devenait de plus en plus déprimante à attendre le client.

J'étais en relation avec une personne qui avait une petite chaîne de restauration.Il avait plus de recul que moi dû à son expérience et il m'expliqua que cela était normal.

Lorsqu'un concurrent arrive sur le marché,il faut compter -30% de chiffre d'affaires en moins pendant trois mois dû à l'effet ouverture.

Je n'avais plus de solution!

Un soir en rentrant à la maison avec toute ma famille vers minuit,on s'aperçoit que l'on a été cambriolé.

Le propriétaire de notre maison était actionnaire de mon restaurant et nos relations s'étaient un peu tendues depuis que je m'étais mis en redressement judiciaire.

Les cambrioleurs avaient cherché le coffre fort mais il ne l'avait pas trouver.Je trouvais bizarre ce cambriolage mais sans preuves,il était impossible de faire des déductions.

Un matin en partant au restaurant avec ma femme et alors que je venais de m'engeuller avec mon propriétaire/actionnaire,j'arrêta la voiture car j'avais la tête qui tournait et je ne pouvais plus conduire.

Ma femme pris donc le volant.Je me sentais très mal,je tremblais de partout mais je mis cela sur la fatigue.Cela faisait deux ans et demi que je n'avais pas pris un seul jours de congès.

En arrivant devant le restaurant,en descendant de la voiture,je peinais à tenir debout.Comme si mes genoux ne pouvaient plus porter mon corps.

Ma femme rigolait car elle croyais que je faisait le con pour essayer de dédramatisé la situation.

En arrivant à mon bureau,je m'assieds pour ouvrir le courrier,et là,je sentis tout mon corps se crisper.
Je sentais que tous mes muscles étaient à fond et mes doigts étaient recroquevillés à l'intérieur de mes mains.
Je ne pouvais même pas desserrer mes mains.
Tout mon corps tremblait et je sentais mon coeur qui tapait dans ma poitrine.Je croyais que je faisais une crise cardiaque.
Je cria à ma femme d'une voix tremblante:

-" Appelez les pompiers,je dois faire une crise cardiaque"!

Je ne me rappelle plus trop le temps que j'ai attendu les pompiers mais je me rappelle être tombé dans les pommes deux ou trois fois et à chaque fois que ma tête touchait mon bureau ,je reprenais mes esprits et cela recommençait.

Trois pompiers rentrent dans mon bureau,ils se dirigent vers moi et m'aident à me lever de ma chaise de bureau.
Je ne tenais pas debout.Le chef des pompiers demanda à un de ses collègues d'aller chercher le brancard pour m'emmener à l'hôpital.

Sachant que mes filles étaient dans la salle du restaurant,je ne voulais pas qu'elles me voient sortir de mon bureau sur un brancard.Je demanda donc aux pompiers de m'aider à marcher jusqu'à l'ambulance.J'avais les jambes aussi raides que des morceaux de bois.

En passant à côté de mes filles qui étaient en pleurs,je leur ai dit pour les rassurer que ce n'était pas grave et que je revenais dans pas longtemps.

Dans l'ambulance, on m'attacha sur le brancard.

Plus je m'éloignais du restaurant et plus la pression descendait. Je me sentais de mieux en mieux. Arrivé à l'hôpital, j'étais revenu à la normale. Je voulais même repartir au restaurant pour faire le service du midi.

Un médecin me mit dans une pièce en me disant qu'un spécialiste voulait me voir, sans me dire quel spécialiste. On me prit la tension et on me dirigea dans le bureau du spécialiste qui était en fait un psychologue.

Je me mis à parler sans trop réfléchir à ce que j'allais dire, je lui disais tous mes problèmes; je n'arrêtais pas de parler comme si je me confiais à cette personne que je ne connaissais même pas.

A la fin, la psychologue prit la parole.
Elle m'expliqua que j'avais fait un burn-out dû au travail.
Que travailler pendant deux ans et demi sans jours de congés n'était pas normal. Que tant que ma situation professionnelle n'était pas résolue, j'allais faire d'autres burn-out qui peuvent se transformer en accident cardiaque.

Elle savait que la situation n'allait pas se régler facilement et me donna quelques rendez-vous chez une de ses consoeurs psychologues ainsi que des anti anxiolitiques.

A part les anti-douleurs que je prenais dû à ma polyarthrite,je n'aimais pas trop prendre des médicaments mais je dois dire que cela m'a beaucoup apaisé intérieurement.

Dès sorti de l'hopital,nous retournons au restaurant ma femme et moi et je pris la décision de ne pas ouvrir le soir même.

Dans l'après midi,ma famille proche qui avait été mis au courant par ma femme venait prendre de mes nouvelles les uns après les autres.
Mon père arriva dans mon bureau et je me mis à pleurer en disant:
-"Putain,j'ai tout fait pour que ça marche"!
Il me réconforte en confirmant ce que je venais de dire et me dit que le plus important,c'était ma femme et mes enfants.
Je savais qu'il avait raison mais pour moi,mon commerce était comme un de mes enfants et je ne pouvais pas laisser tomber comme ça.

Le soir même,les anti-anxiolitiques faisaient leur effet très rapidement.
À 22h00,je dormais déjà.

Réveiller à deux heures du matin,je me lève et je bois un café.Je savais au fond de moi qu'il fallait que je prenne "la décision".Je ne suis pas du genre à me mentir à moi-même,mais là il fallait être réaliste.Mon commerce allait couler et cette fois-ci,je ne peux rien y faire.Il fallait que j'accepte la situation et la prendre en pleine face.Je savais que cela allait être dur psychologiquement mais je ne m'imaginais pas à quel point !

Liquidation judiciaire.

La décision était prise,j'allais me mettre en liquidation judiciaire.
Je contactais par mail la mandataire judiciaire en lui disant que je continuais à ne plus pouvoir payer mes factures.Elle me téléphone aussitôt et me dit que je

prenais la bonne décision car je pouvais être tenu responsable si je continuais à mettre l'entreprise dans la difficulté.

Il faut savoir qu'en France,on peut être jugé "interdit de gestion" si on continue d'aggraver la situation financière d'une entreprise.La mandataire judiciaire me donna une semaine pour lui remettre les clefs du local et surtout de lui rendre propre pour la vente aux enchères.

Je peine à me rappeler de toute cette période,un peu comme lors du décès d'un proche.Lors d'un choc traumatique,il y a trois phases à passer.
Le déni,la colère et enfin l'acceptation.
J'avais passé la phase de déni après le burn-out qui m'avait fait ouvrir les yeux.J'allais maintenant rentré dans la phase de la colère.
Le dernier samedi soir j'avais quand même organisé une soirée mais je n'avais pas plus trouver la force de dire aux clients que c'était la dernière.

La veille de fermé,j'avais mon rendez-vous chez la psychologue mais je ne voulais pas y aller.Pour moi aller voir un psy,c'était pour les dépressifs;moi j'étais seulement réaliste.
Ma femme me força un peu pour y aller en me disant que je verrais bien par moi même.

Arrivé chez la psychologue,je me suis remis à raconter mon histoire d'entrepreneur en pleine faillite.
Je pense que je n'étais pas le premier patient dans ce cas là.
A la fin de l'entretien,elle me rassura un peu,car la période dans laquelle j'étais était tout à fait normale.Que cette période allait être très dure pour moi car je croyais pouvoir tout maîtriser dans la vie en générale.
Elle me parla de "lâcher prise" et de hobbies.Que la vie ce n'était pas qu'être chef d'entreprise.

C'est vrai qu'à cet instant,je ne voyais pas trop ce qu'elle voulait dire.Je venais de passer plus de vingt ans chef d'entreprise et je ne voyais pas la vie différemment.
Elle me donna une ordonnance pour continuer les anxiolytiques et me dit que je pouvais revenir la voir si j'en ressentais le besoin.
Ma femme m'attendait dehors et en rentrant dans la voiture,je lui dit en rigolant:

-"c'est bon je suis pas fou".

Je raconta à ma femme ce que la psy m'avait dit,et je remarque que quand je disais que je ne voullais pas tout maitrisé dans la vie,j'étais en train de replacé la boite de mouchoir placé devant moi sur le bureau car elle n'était pas droite!

Pour le dernier jour,toute ma famille s'était passé le mot pour venir manger une dernière pizza.C'était plus une soirée familiale qu'une journée de travail normale.
J'avais mis sur les réseaux sociaux "fermeture définitive",en expliquant que malgré les samedis soirs pleins,cela ne suffisait pas pour faire tourner un tel projet.La clientèle était très déçu de cette fermeture et les messages de soutien s'accumulaient et augmentaient ma frustration de ne pas avoir réussi notre beau projet.
Le lendemain,il fallait partir.
Nous passons toute notre journée à nettoyer le local pour la mise en vente du matériel par l'huissier.

Comme nos liens avec mon propriétaire/actionnaire s'aggravaient de jour en jour,j'avais aussi décidé de déménager de notre maison personnelle.
Nous avons donc déménagé notre maison et le local du restaurant le même jour.
Quinze heures de déménagements avec ma femme,mon frère et moi.A 3h00 du matin,tout était

vide dans le restaurant.En traversant la salle pour fermer definitivement ,je pensais à tout le travail effectué pendant ces deux ans et demi pour rien.

Je mis une dernière fois la clefs dans la serrure pour fermer la porte et au fond de moi je sentais que quelque chose était en train de mourir.Peut- être mon égo!
Les souvenirs commençaient à se bousculer dans ma tête mais la fatigue du déménagement à pris le dessus cette nuit-là et je me suis endormis très vite.

Le lendemain matin,j'avais rendez-vous chez la mandataire pour lui remettre les clefs du local.C'était une femme très froide mais juste.Elle prit les clefs en me disant:
"-J'espère que tout est bien nettoyé dans le local?"
Je lui répondis que tout était nickel car plus on vendait cher le matériel et moins j'aurais de dettes.

En rentrant chez moi,je me suis arrêté sur la tombe de ma mère.J'y vais que très rarement car je n'aime pas remuer le passé.Quand j'y vais,c'est pour avoir des réponses;même si je n'en ai jamais eu,j'ai toujours l'espoir d'en avoir.
Encore une fois,pas de réponse.Je pleurais pendant une heure devant cette plaque de marbre sans vie

avec cette question qui me hantait:Qu' est ce que je dois faire ?

Une fois rentré chez moi,il fallait emménager la maison car tous les meubles étaient posés dans la première pièce.
Deux jours après,tout était installé.Je m'assieds sur le canapé et là,je n'avais plus rien à faire!
Vingt-deux ans de travail avec toujours des projets,et du jour au lendemain,plus rien.

La vente aux enchères a été très rapide,une semaine après,je recevais un courrier pour me prévenir de la date et que je pouvais être présent.
Dans l'état où j'étais,je me voyais mal être présent mais une de mes cousines allait y aller pour me tenir au courant de l'argent récolté par l'huissier.
J'étais sur le canapé avec mon téléphone à la main et ma cousine m'envoyais en temps réel le prix de vente du matériel vendu aux enchères.
Le taureau mécanique qui venait d'Angleterre valait 15000 euros,il a été vendu 1500 euros !
 Mon four à bois italien qui valait 14 000 euros a été vendu à 400 euros !
Tout était vendu pour à peine 10% de sa valeur.J'étais sidéré de voir ça car moins le matériel allait être vendu cher et plus j'aurais de dettes à rembourser.

Deux jours après, l'huissier me contacta pour la fermeture définitive du local car il fallait que le locataire soit présent.

J'appréhendais le fait d'y aller mais je n'avais pas le choix.

En ouvrant la porte, lorsque j'ai vu le local vide, j'ai senti mes jambes fléchirent comme pour mon burn-out.

Tout avait été démonté à la va vite, certains décors avaient été arrachés par manque de temps ou de matériel.

L'huissier me demande où se trouve le compteur pour le fermer ; je lui montre du doigt la porte où il se trouve et à ce moment-là, il s'aperçoit que j'avais les larmes aux yeux et qu'il vaudrait mieux écourter le rendez-vous.

Une semaine après, alors que j'étais toujours collé au canapé à me demander ce qui se passe, je reçois un document me donnant la somme récoltée par l'huissier.

À peine 10 000 euros ! Cela servait à peine à payer les frais de tribunal et les congés payés des salariés.

Heureusement qu'il y a l'Assurance de Garantie des Salaires qui paye si l'entreprise n'a plus assez d'actifs.

Les lettres recommandées continuaient à se succéder semaine après semaine pour me tenir informer.J'avais vraiment hâte que cela s'arrête mais je ne me doutais pas que cela allait prendre des années.

Un mois se passe et je reçois une convocation du tribunal des commerces.On m'accusait d'avoir fermé la société!

En arrivant au tribunal,je me doutais que c'était mon ancien propriétaire/actionnaire qui avait fait cette requête.
Il était avec sa sœur qui elle aussi était actionnaire.J'avais de plus en plus de doute sur notre cambriolage car j'avais appris que sa sœur avait été perquisitionnée par la gendarmerie mais qu'il n'avait rien trouver,donc pas de preuves sur les personnes qui nous avaient cambriolées.
Dans la salle d'attente,les deux actionnaires faisaient comme si de rien n'était;de mon côté je tremblais tellement d'énervement que j'ai dû sortir de la salle pour me calmer.
En arrivant devant le tribunal,nous nous asseyons tous les trois devant le bureau et aussitôt mon ancien propriétaire/actionnaire se mit à parler dans tous les sens:

-"Ce gars là me dois un loyer,il m'accuse de l'avoir cambriolé,et en plus il me doit l'argent que j'ai mis au capital de la société avec ma soeur"!

En effet,comme je savais qu'il n'allait pas me rendre la caution de la location de sa maison,je n'avais pas payé le dernier loyer car je savais que je n'allais jamais pouvoir le récupérer.

La mandataire judiciaire le remis à sa place très fermement:

-"Déjà,vos problèmes autres que ceux de la société n'ont rien à faire devant un tribunal des commerces! Et ensuite,ce n'est pas ce Monsieur qui vous doit de l'argent mais votre société où vous êtes l'actionnaire.C'est le tribunal qui décidera si le gestionnaire de la société a fait des erreurs ou non!

Ces deux énergumènes qui s'étaient joint à mon projet juste pour l'appât du gain et non pour le projet entrepreneurial venait de découvrir que l'investissement était une loterie.
Bien sûr que j'avais besoin de leur argent,bien sûr qu'il m'ont beaucoup aidé pour les travaux,mais comme je leur avait dit au tout début,c'est un gros risque.

Moi et ma femme avaient mis tout notre argent dans ce projet et eux me faisait confiance car ils me connaissaient en tant que boulanger de leur commune et ils savaient le travail que je pouvais fournir mais il y avait d'autres paramètres que je ne maitrisais pas,comme la coucurrence.
Qui aurait pu me dire qu'un restaurant chinois à volonté allait se coller à moi et me faire perdre 30% de mon chiffre d'affaires en 3 mois?

Le tribunal prit donc la requête de mettre une partie des actionnaires aux dettes prioritaires comme les banques,les salaires et les charges sociales impayés.
Le tribunal me demanda si je voulais aussi m'inscrire en tant qu'actionnaire majoritaire à cette liste prioritaire.Je leur répondis que non car je me voyais mal essayer de récupérer un peu d'argent alors qu'il y allait y avoir beaucoup de mes fournisseurs qui n'allaient pas être payés.
En partant du tribunal,je voyais sur leurs visages ce petit sourire narquois qui disait :"nous ,on va récupérer notre argent et pas toi"! ,alors que je savais qu'ils n'allaient rien récupérer vu le peu d'argent récolté à la vente aux enchères.

Peu de temps après,je recevais un courrier du tribunal me disant qu'il n'y avait pas eu de faute de gestion et que la liquidation était dû à une perte de chiffres d'affaires dû à un marché concurrentiel.

Je n'étais donc pas condamné à une faute de gestion,ce qui me permettait de ne pas avoir toutes les dettes sur le dos et aussi de me sentir moins coupable.
Cette culpabilité que j'ai eu avec cette liquidation s'efface avec le temps.Lorsque l'on à plus de recul avec les années ,on voit bien que l'on à fait notre maximum.Pourtant tout le monde me le disait mais il fallait que je le pense de moi même.

Une semaine après,une lettre recommandée arriva et elle stipula que la société était liquidée pour insuffisance d'actifs et que j'étais encore convoqué au tribunal.
Je me demandais ce qu'il me voulait encore,j'avais tout donné les documents,tout fait comme ils me disaient.

Je m'attendais à un serment de leur part en m'expliquant que les dettes que j'avais faites n'était pas bien,que j'avais de la chance de ne pas avoir eu les dettes sur le dos,etc...mais c'était tout autre!

Le Président voulait me voir car il savait que j'avais réussi un redressement judiciaire.Il savait que j'allais

traverser un long chemin du désert comme quasiment tous les petits entrepreneurs qui déposaient le bilan.
Les personnes du tribunal des commerces le savent car on commence juste à faire des statistiques sur les liquidations judiciaires et leurs répercussions.
Il faut savoir que cette dégringolade sociale et financière est très dure à remonter.
Que la plupart des entrepreneurs ne se réinstallent pas après avoir vécu une liquidation judiciaire.
Que retourner salarié après tant d'années allait être très destructeur pour l'entrepreneuriat en France.
En gros,ils essayaient de m'expliquer que s' il y avait tant de faillites,c'était que le climat économique n'était pas propice en ce moment et surtout sur notre département.

Le président me remercia pour l'aide que je leur avait apportée pour le dossier et il m'invita à vite me reconstruire afin de réessayer dans les années à venir.
Cette convocation à l'air de rien,mais je pense qu'elle à été capitale pour les décisions que je prends maintenant.
C'était donc fini,la liquidation était prononcée et je pensais que j'allais enfin avoir la paix.

Les 3 "D" (Dépôt de bilan-Dépression-Divorce).

Le dépôt de bilan,c'était fait.Maintenant j'allais rentrer dans la phase de la dépression.

Retour sur mon canapé,je passais mes journées assis à regarder la télévision.Ma femme avait réussi à retrouver du travail en tant que caissière.C'est elle qui faisait vivre la maison avec les aides de la CAF.

Notre plus grande fille qui était encore à la maison nous aidait beaucoup financièrement.Ma famille et celle de ma femme nous ont aussi aider.

Bien sûr au fond de moi j'avais honte de cette situation mais je n'avais aucune réaction,je n'avais plus de fierté,aucune estime de moi.

Un jour,mon père me proposa de l'argent que je refusais aussitôt,mais il mis les billets dans la boîte aux lettres que je trouva le lendemain.J'étais très ému en voyant ces billets mais je n'avais pas le choix,j'en avais besoin!
Plus je réfléchissais à ma situation et moins je trouvais de solutions.
Ma femme qui d'habitude se reposait tout le temps sur moi car je gerrais tout ,se retrouva dans une situation qu elle n'avait jamais connu.
Quasiment 25 ans qu'on était ensemble et elle ne me reconnaissait plus.
Un soir qu'on parlait de nos problèmes,elle me dit en pleurant qu'elle avait besoin d'aide.Je n'ai même pas eu de compassion envers elle tellement je pensais qu'à ma liquidation.

Je lui ai juste dit que je n'arrivais pas à m'aider moi même alors je n'allait pas réussir à l'aider.

Mon problème était simple pour moi et je croyais que tout tournait autour du manque d'argent.J'avais un début d'idée qui fleurissait malgré moi dans ma tête mais j'essayais un peu de l'oublier.
Dix ans auparavant,lors du décès de mon oncle,nous avons vu la situation économique de ma tante s'éfondré.
Ma femme et moi avions donc pris la décision de prendre une assurence vie.
Par déductions et bien malgré moi,je savais ce qu'il fallait faire pour régler la situation financière de ma famille.
J'avais tout imaginé car un suicide n'aurait rien fait toucher à ma femme.Il fallait faire croire à un accident.
J'avais regardé les statistiques de mortalité par rapport à la vitesse,l'endroit de l'accident,etc…
Je faisais cela naturellement,comme si je faisais un business modèle,j'essayais de tout prévoir pour atteindre mon but.

Tout était prêt mais je n'avais pas rentré un paramètre.Celui de ma disparition.

Je ne m'étais même pas posé la question.J'allais faire vivre à ma famille,ce que ma mère nous avait fait vivre 25 ans auparavant.
Il fallait vraiment être con pour ne pas y penser.

Malgré moi,cette idée continuait à me trotter dans la tête.Voyant que je n'arrivais pas à me débarrasser de ça tout seul,je chercha des informations sur internet et je tomba sur la définition de la dépression. Le verdict tomba,j'étais bien en pleine dépression nerveuse.
Je ne pouvais plus regarder un film sans avoir les larmes aux yeux pour un rien;je ne me reconnaissais plus.Je pris donc rendez-vous chez le médecin pour lui expliquer mon problème et il me met aussitôt sous anxiolytique.

Deux jours après avoir commencé le traitement,je sentais bien que cela m'avait bloqué quelque chose dans la tête mais je me sentais mieux.
Je ne pensais plus à plein de choses comme d'habitude,j'étais un peu comme un zombie sur mon canapé.
Les jours passaient très vite et je n'avais envie de rien.Ce traitement médical de trois m'a beaucoup aidé à passer un cap,mais je sentais qu'il me fallait encore un peu de temps pour que j'accepte ma situation.

Six mois après la liquidation,le 5 décembre exactement,j'allume la télévision et je tombe sur l'actualité du jour.
Johnny Hallyday est mort !

J'ai toujours aimé ce chanteur et surtout les textes qu'il chantait.Toute la journée,les clips de Johnny passaient en boucle,lorsque je tomba sur une de mes chansons préférées :Rock'n'Roll attitude.

C'est là que je me suis aperçu que j'avais perdu ma Rock'n'roll attitude!

Tout ce qui me caractérisait était en train de mourir en moi.Je ne pouvais pas laisser faire ça.La mort de Johnny à été pour moi le déclic qui m'a fait comprendre qu'il n'y avait qu'une chose de limité dans la vie :le temps.J'avais 43 ans,il me restait encore beaucoup de temps pour essayer d'autres projets.
J'arrêta donc de prendre mes médicaments et je pris la décision de ne plus me laisser aller.

Un an auparavant,je m'étais acheté un harmonica.J'avais toujours aimé le son de cet instrument de musique mais je n'avais jamais fait de musique avant.

Je me mis donc à faire de l'harmonica en autodidacte avec l'aide des vidéos sur youtube.
Je passais jusqu'à 6 heures par jour à essayer de jouer et de maîtriser les notes.
J'en faisait tellement que le frottement de l'harmonica me coupait le bord des lèvres.

Au bout de quelques mois ,je maitrisais un peu l'instrument,et plus je le domptais,plus je reprenais confiance en moi.Le plaisir de faire de la musique que je ne connaissais pas avant ,m'apaisait.

Si j'étais capable,en un an,d' apprendre un instrument de musique tout seul,c'est que je n'étais pas si mauvais que ça!

En parallèle,je regardais beaucoup de vidéos dites "de motivation" avec des histoires assez extraordinaires de personnes qui avaient connu ce que je vivais.
Toutes ces personnes expliquaient que l'échec faisait partie de la vie et qu'on pouvait transformer l'échec en apprentissage.En plus, personne ne me remettait mon échec en pleine face.Tout le monde avait vu le projet naître et ce que cela avait donné.
C'était moi-même qui m'auto-flagelleais.

Je décida donc de réessayer d'ouvrir un restaurant.Je me remets à mon ordinateur pour refaire un business plan ainsi qu'un prévisionnel. J'annalisa les erreurs que j'avais commises pour ne pas les refaire,je refaisais les plans en 3D,bref j'étais reparti à fond dedans.

Ma femme qui voyait ça de loin,ne me disait rien. Elle ne s'impliquait pas dans mon nouveau projet.Cela me chagrinait un peu mais je savais que tôt ou tard,elle me rejoindrait.
Mon but,c'était de retrouver ce que j'avais vécu avec ma femme et mes filles dans notre restaurant familial.Je croyais que tout le monde pensait comme moi mais je me trompait.

Lorsque je leur parlais de mon nouveau projet,ma femme et mes filles restaient très vague sur le sujet.
Un jour,je leur pose directement la question:
"-Si un jour,j'arrive à ré-ouvrir un restaurant,vous voulez bosser avec moi"?
Et là,ce fut la douche froide pour moi.
Ma fille qui avait travaillé avec nous dans le restaurant pendant ces deux années et demi ne voulait pour rien au monde recommencer cette expérience!

Je ne m'en étais même pas aperçu car je croyais qu'elle aimait ce qu'elle faisait.Elle faisait simplement ça pour moi car elle ne voulait simplement pas me décevoir.
Ma femme de son côté,faisait tout pour que je retrouve un travail salarié car elle ne voulait pas revivre cela.
Mon père aussi se mettait de leur côté.
Je ne comprenais plus rien.De mon côté,j'allais de mieux en mieux grâce à mon nouveau projet et mes proches me disaient de laisser tomber et de rentrer dans une vie normale.

Pendant quelque temps,j'arrêta de planifier mon projet pour leur faire plaisir,mais je sentais bien au fond de moi que cela n'était pas possible.
Mes proches ne faisaient pas cela pour m'embêter mais ils tenaient tellement à moi qu'ils avaient peur de me revoir sombrer.Je comprenais très bien leur point de vue,mais je leur expliquai que ce n'était pas le mien.
Contre leur avis,je me suis remis à mon projet et je savais que je faisais le bon choix.

Tout était prêt,il me restait à faire le plus dur,trouver des capitaux.Passer par les banques n'était pas possible.J'étais en dossier de surendettement à la

banque de France car je m'étais porté caution de la société.
Je me tourne vers les investisseurs types "business angels".Je remplissais des dossiers sur tous les sites d'investisseurs que je trouvais sur internet.Je recevais des réponses négatives tous les jours.
"Votre projet est trop risqué",c'est ce que je recevais comme réponse.

Au bout de deux mois,je me suis mis à chercher des investisseurs locaux,que je pourrais rencontrer physiquement pour leur parler de mon projet,et j'ai trouvé un industriel qui avait bien réussi économiquement.
Cette personne avait une industrie dans le textile et il était propriétaire d'un club de rugby de mon département.
J'essaya de le contacter à son entreprise.
Impossible d'avoir un rendez-vous selon l'hôtesse d'accueil.Je contacta par Facebook tous les joueurs de l'équipe de rugby pour lui faire passer un message;résultat:toujours pas de réponses.
Une de mes connaissances connaissait où il habitait.Il me donna son adresse.
Je me rendis donc devant chez lui,mais comme la maison était entourée d'un mur très haut,je sonna à la porte.Pas de réponses!Je lui laissa mes

coordonnées dans la boîte aux lettres en lui demandant de me rappeler.Rien.
Je decida donc de préparré une clef USB avec tous les documents et de la mettre dans sa boîte aux lettres.
Aujourd'hui,je n'ai toujours pas de réponses.

Le crowdfunding commençait tout juste en France,je décida donc de m'inscrire sur un site de financement participatif.
Après une semaine de travail sur l'ordinateur,je lançai le projet sur internet.Un mois plus tard,le résultat tombait.Quatre vingt euros de financement !
Il m'en fallait 800 000 !

En y pensant maintenant,c'était vraiment délirant de penser que j'allais avoir cette somme mais voilà,j'y croyais.
Il a vite fallu que je me réveille de ce rêve éveillé.
Je n'arriverais jamais à rouvrir ce restaurant,du moins pour l'instant.Il fallait que je recommence tout de zéro,comme quand j'avais 17 ans et que je commençais en boulangerie.

Pour commencer,il fallait que je retrouve un travail.Je savais que le marché du travail n'était pas évident mais je ne m'attendais pas à ça.

Toutes les connaissances que j'avais avec cette ancienneté de patron de TPE ne servaient à rien.
Tout le monde voulait des diplômes!
Je n'arrivais même pas à avoir un entretien où quasiment pas.
Les seuls postes qu'on me proposait était dans des boulangeries industrielles mais je me voyais mal perdre mon temps en usine sachant que je n'aurais pas tenu plus d'une heure.

Ce n'est pas le fait de travailler qui me posait un problème,en boulangerie j'avais fait jusqu'à 15 heures par jour et dans mon restaurant je n'avais pas pris de jour de congé pendant 2 ans et demi.

Le problème,c'était de faire un travail répétitif comme une machine sans même réfléchir.Je ne comprends pas comment une personne normalement constituée peut passer toute sa vie à la chaîne dans une usine. Je préfèrerais être à la rue où même devenir voleur que finir ma vie à faire cela.

Un jour,pôle emploi me convoqua.La période des vignes commençait dans ma région et mon conseiller m'a proposé de faire la cueillette du raisin. Je l'ai un peu envoyé balader avec sa proposition.

Il me proposa donc de faire un contrat professionnel routier.
C'est une formation de 6 mois qui débouche avec un diplôme et un travail.
Le métier de routier me plaisait quand j'étais plus jeune et je décida donc de me lancer dans cette formation.

Reprendre l'école à 43 ans n'est pas évident.
Même si j'aime apprendre,reprendre les bancs de l'école avec des jeunes de 20/30 ans est une sacrée expérience.
Il fallait six mois de formation pour avoir le code,le permis poids lourd et super lourd ainsi que la FIMO (stage qui donne le droit de travailler en France).

Je faisais 180 Km par jour pour aller au centre de formation.J'avais 7 heures de cours et de pratique par jour.Cette formation me plaisait car je voyais le potentiel de paie que je pouvais me faire dans ce travail et en plus il y avait beaucoup d'offres d'emploi.

Les camions n'étaient pas une passion pour moi mais j'étais capable de me sacrifier pendant deux ou trois ans pour me refaire financièrement pour refaire mon projet de restaurant.

Les six mois se passèrent très bien,je retrouvais l'ambiance et la bonne humeur de l'école que j'avais connu quand j'étais jeune.
Cela m'a beaucoup aidé à remonter mon moral qui était au plus bas après la liquidation.

A la fin de la formation,il y avait les épreuves à passer.J'étais confiant et sûr de moi.
J'ai tout eu du premier coup sauf le plateau du super poids lourd!
J'étais un peu dégouté car toute la classe maîtrisait bien les manœuvre des camions mais nous avons eu 80% d'échec dans cette session!
Je partais donc de cette formation avec la possibilité de conduire des poids lourds mais pas des super lourds.
Je décide donc de commencer à travailler avec ce permis et de repasser plus tard l'autre permis qui me manquait.Je m'inscrit donc à toutes les boîtes d'intérim de la région et même pas deux jours après je commençais ma première mission.
Lorsqu'on obtient un permis,on ne sait pas conduire.C'est avec le temps qu'on maitrise de mieux en mieux.
J'arriva le matin à 6h00 à l'entreprise pour faire ma première mission et même pas 10 minutes après être arrivé,je partais seul avec un camion de 19

tonnes pour faire 200 Km et revenir directement au dépôt.
Les premiers kilomètres ,je me sentais bien.J'appelais un peu tout le monde au téléphone car j'étais content de ce que je faisais.
À la moitié du trajet me pris une angoisse.Je venais de réaliser que si je partais la semaine pour faire des grosses paies,ma famille me manquerait.Je n'aurais jamais cru cela.En même temps,depuis que j'étais parti de chez mon père à l'âge de 20 ans,j'avais toujours été avec ma femme.

Comment j'avais encore pu oublier ce paramètre,tout mon plan s'écroulait encore!

Rentrer chez moi,je parla de çela à ma femme.Je voyais bien que la femme et mes filles étaient contentes que je ne parte plus la semaine.Je leur demanda pourquoi elles ne m'en avaient pas parler.Ma femme me dit que de toute façon,je n'écoutais pas ce que les autres me disaient et que cela ne servait à rien d'éssayer de me faire changer d'avis.
J'ai toujours été étonner de voir comment ma femme me connait mieux que moi je me connais.
Je pris donc la décision de ne pas repasser le super poids lourds car ce permis ne me servirais à rien.

Peu de temps après,je postulais à une annonce pour faire de la distribution en poids lourds pour livrer des écoles,restaurants,boulangeries,etc…
C'est un travail de nuit et comme avec ma polyarthrite,je ne dors que maximum 3-4 heures par nuit,ce boulot était fait pour moi.
Je savais bien que la paie n'est pas la même qu'à partir la semaine mais c'est un travail assez bien payé par rapport au temps que je passe au travail.
J'ai tous mes après midi pour me pencher sur mes autres projets.

La fermeture de mon restaurant me hantait très souvent,et surtout un énorme manque de la convivialité de la part de la clientèle lors des soirées organisées.
Je croyais ne plus revivre cela et une nuit en me réveillant,une idée me vient à l'esprit.
Refaire les soirées que j'organisais dans mon restaurant dans des salles des fêtes.Je n'avais pas d'argent d'avance et je devais organiser tout en faisant payer les clients à l'avance donc ce n'était pas gagné.
Je me suis donc remis à faire un petit prévisionnel et à contacter toutes les personnes qui me fallait pour organiser cela (animateur,cuisinier,etc).

Simplement avec la page Facebook et le bouche à oreille,en 2 semaines,j'avais 100 places réservées.
Je pouvais donc refaire les soirées car la clientèle répondait présent.

Sans un euro,j'avais donc fait des chèques à tout le monde en leur demandant de le mettre en banque qu'après la date de la soirée.
C'était un gros pari mais il fallait que je le fasse pour voir si ces soirées plaisaient encore.

Aujourd'hui,avec le COVID tout est arrêté depuis maintenant un an.J'ai hâte que l'on se débarrasse de ce satané virus pour pouvoir réorganiser d'autres soirées Rodéofamily.

Avec ma femme,on sait aperçu pendant cette période qu'on était vraiment fait l'un pour l'autre.

Il y a eu des moments très difficiles où l'on croyait tous les deux que c'était terminé mais à chaque fois,on sentait tous les deux qu'il y avait quelque chose qui nous liait de très puissant.
Je ne sais pas si c'est cela qu'on appelle "le vrai amour" mais en tout cas je pense qu'on sera toujours là l'un pour l'autre jusqu'au bout.

Nous n'avons pas eu trop de chance dans notre vie professionnelle malgré tout le travail fournis mais au moins ma femme et moi avons ce que peu de personne connaisse dans une vie,c'est à dire quatres filles dont nous sommes fiers et en bonne santé et un couple solide à toute épreuve.

Des projets plein la tête.

En attendant de me refaire un petit peu financièrement,je dévore des formations,je me documente,je fais des sites internet,j'apprends la guitare,l'anglais,le marketing digitale,je dessine,j'écris ce livre;tout ça les après midi car je travaille le matin de 4h00 à 12h00.

Je test plein de choses,si ça ne marche pas ce n'est pas grave car au moins j'ai appris.
Je m'habitue aussi à l'échec car il fait partie de la vie,même si c'est très dur à accepter.
J'ai cette folie en moi que beaucoup d'entrepreneurs ont qui m'empêche de laisser tomber et d'être très tenace.
En ce moment,je suis en train de créer une chaîne YouTube qui a pour but de donner de la visibilité aux petites entreprises,associations et artistes locaux.

Je sais qu'un jour ou l'autre,j'aurais une opportunité pour pouvoir ré-ouvrir mon restaurant familial avec ma femme et peu êtres mes filles.
C'est mon but,je ne l'oublie pas même si j'ai l'impression de prendre un autre chemin,je ne lâcherais rien!

Pour finir ce livre,je sais que la plupart qui le lirons sont des entrepreneurs qui sont,ou vont être dans la même situation que j'ai vécu.

Je tiens à vous témoigner que ce que vous allez vivre va être une des pires épreuves de votre vie mais si vous réussissez à vous relever,vous allez devenir deux fois plus fort qu'avant.

Cinq ans après la liquidation,je suis encore en dossier de surendettement à la banque de France mais ce n'est pas grave,je trouverais la solution.

Aujourd'hui,je prend cela comme une chance d'avoir vécu cela car s'apitoyer sur son sort ne sert à rien,à part perdre du temps.
La seule chose qui manque dans la vie ,c'est le temps donc ne le gâchez pas.
Vous voulez faire quelque chose,faites-le.

Tout le monde vous dit que ça ne marchera pas.Faite-le car c'est un critère de réussite.
Toutes les révolutions passent par trois étapes: Ridicules,Dangereuses et enfin Évidentes !
En plus quand les personnes vous disent que ça ne marchera pas,c'est simplement que cela les renvoient au fait qu' eux ,ne tentent rien dans leur vie.
Faites dans votre vie comme si le soir en vous couchant,c'était votre dernière journée.

Soyez fier de tout ce que vous faites et ne perdez pas de temps à regarder en arrière.
Ne vous excusez pas de n'avoir pas réussi car au moins vous,vous avez essayé.
Peu de gens essaient!
Vous avez la chance de faire partie des battants,des gens qui osent,voyez cela comme un avantage sur les autres.

Si il y a quelque chose que j'ai appris dans ma vie,c'est que tout ne tourne pas autour de moi et que si je disparaissais demain,peu de gens se rappelleront de moi.

Savez-vous comment s'appelle l'inventeur de la fourchette? Non,pourtant on s'en sert tous au moins deux fois par jour!

Mettez vous des petits défis tous les jours et augmentez les.
Moi, j'ai plus appris ces 5 dernières années que dans mes 20 années à bosser dans une boulangerie,dix à douze heures par jour.

Après toutes ces belles paroles que l'on devrait rabâchez à tous nos enfants,je finirais par vous dire que même si vous n'y arrivez pas,vous laisserez quand même à vos proches le souvenir d'une personne qui était un modèle pour les autres...

liquidationjudiciaire.lelivre@gmail.com

www.ingramcontent.com/pod-product-compliance
Lightning Source LLC
Chambersburg PA
CBHW070242220526
45465CB00004B/1493